成吉思汗传

[德]约阿西姆·布克汉森 著
By Joachim Barkhausen

王剑 译

新世界出版社
NEW WORLD PRESS

图书在版编目（CIP）数据

成吉思汗传：精装 /（德）约阿西姆·布克汉森著；王剑译 . -- 北京：新世界出版社，2018.2
ISBN 978-7-5104-6019-7

Ⅰ . ①成… Ⅱ . ①约… ②王… Ⅲ . ①成吉思汗(1162-1227) —传记 Ⅳ . ① K827=47

中国版本图书馆 CIP 数据核字（2017）第 326406 号

成吉思汗传

作　　者：[德] 约阿西姆 • 布克汉森
译　　者：王　剑
责任编辑：余守斌
责任校对：宣　慧
责任印制：王宝根
出版发行：新世界出版社
社　　址：北京西城区百万庄大街 24 号（100037）
发 行 部：（010）6899 5968　（010）6899 8705（传真）
总 编 室：（010）6899 5424　（010）6832 6679（传真）
http://www.nwp.cn
http://www.nwp.com.cn
版 权 部：+8610 6899 6306
版权部电子信箱：nwpcd@sina.com
印　　刷：北京天宇万达印刷有限公司
经　　销：新华书店
开　　本：880mm × 1230mm 1/32
字　　数：180 千字　印张：9
版　　次：2018 年 2 月第 1 版　2018 年 2 月第 1 次印刷
书　　号：ISBN 978-7-5104-6019-7
定　　价：56.00 元

客服电话：（010）6899 8638

出版说明

这是一个多变的互联网时代，因其色彩斑斓而让人眼花缭乱；这是一个讲究自我的时代，因其张扬个性而让人视野拓宽。从大家讲史到草根写史，历史以其客观的、不容忽视的存在受到了大众的热捧，在这其中，作为历史主体的人物，其鲜活程度、影响力之深自然就凸现出来，供人评说。从接受权威到自我认定，时代所赋予读者的自由和共享前所未有，我们策划和出版大家之作的传记，是希望能在这个热闹、活跃的气氛中，为读者多提供一种视野上的广度，大家们引经据典、多方考证的立著精神，会给读者带来一种思考上的深度。

传记是记述人物的生平事迹，根据各种书面的、口述的回忆、调查等相关材料，加以选择性的编排、描写与说明而成。与小说不同的是，传记和历史关系密切，纪实性是其基本要求，某些写作年代久远的传记常被人们当作史料看待。由他人记述或自述生平者，称“自传”。

本系列精选在历史或相关领域有着举足轻重影响力的大家之作，也有一部分译著，为国外学者出于对中国历史人物的认知所写，体例宏阔、材料翔实、文字质朴，是学术大家写作普及读物的典范，有助于补充和深化读者对中国历史人物的深层认知。

由于著者生活的时代与环境不同，研究视角与方法不同，著作在内容上对于某些具体史实的描述和解释，有可能与现在通行的认知有一些出入，为了保持原作的完整性，我们并未对这些内容加以删改，只是在注释中加以说明，请读者在阅读时细加鉴别；著作中的人名、地名等，有些与现在通行的译法或名称不同，均只在注释中一一标明，未在原文中改正。

限于编辑水平，难免存在错漏之处，欢迎读者批评指正。

全球视野下的蒙古帝国史

（法国人类学家乔治·蒙丹顿）

历史上短促而辉煌的成吉思汗战功史，实际上并不为普通大众所完全熟知。有关成吉思汗帝国历史的叙述散见于各种史料中，显得琐碎而庞杂，真正将这些史料整合在一起并有机联系起来的著作少之又少，时代呼唤这样一个崭新而全面的研究课题。因此，这部关于成吉思汗及其帝国的新作品就应运而生了。本书的特色就在于其从纷繁芜杂中找到了线索。以往研究的论据都不免有着种种缺点，即它们往往局限于军事史的形态，就是说，仅着眼于成吉思汗帝国史的外形。本书则着重于蒙古帝国的内在状态及其精神上的来历：作为与乡村及都市的固定生活相对立的一种生活形态，这乃是游牧生活方式的最后的昌盛时代。这种游牧生活方式在处于今天这种相对静默的状态之前，曾达到过它的最令人目眩的状态。更令人吃惊的是，在这个时期，游牧民族信奉的是萨满教。这是一种相对原始的宗教（即西伯利亚东部及亚洲极北部的一种原始宗教），相较于儒教、佛教、基督教等成熟的宗教，其成熟程度还相差甚远。然而无论在何处，每当它们相遇，最后的胜利者却总是相对原始的萨满教。虽然蒙古骑兵也曾饮马于亚德里亚海上，但这些事实欧洲人并不熟悉甚至根本不知道，这或许是因为蒙古骑兵的活动中心比较接近中国而离欧洲较远的缘故。而在那个时候，中国的文明远在欧洲之上，任何方面都比欧洲先进，并且处于文化的高峰期。所以，如果不仿效中国，那就要将中国打倒，发达的农业文明和相对落后的游牧文明就这样发生了激烈的碰撞，但两种文明的交融也促进了双方文化的融合和发展。

同时，除了文化的因素外，蒙古史又是一部种族史，这也是我们研究成吉思汗帝国不可或缺的一个层面。本书作者在谈到蒙古政治集合体（它是随各种时代而变迁的）的时候，总是用这个字眼：蒙古种族。这个字眼在本书的绝大部分地方都用得非常恰当，因而我们在翻译的过程中，总是会尽量保留这个字眼。理由如下：我们西方人属于欧罗巴种（至少都属于大欧罗巴种或白种），蒙古民族则构成了大蒙古种或黄种的核心。处在这两个人种之间的，是突厥种族，我们姑且把它叫作“鞑靼突厥种”，以便不与只占很小一部分的土耳其奥斯曼突厥种相混淆。

那些鞑靼突厥人曾多次被归入蒙古政治集团里，甚至居于贵族管理者的地位，但在种族上，鞑靼突厥种或中央亚细亚西部的土耳其人到底该归属何种呢？对这个问题，人种学

5 家们的见解相去甚远。多数人是把他们归入蒙古种，也有人认为他们是欧罗巴种。我们则认为，全部鞑靼突厥人只是在地域上构成了一个集合体，而非种族的集合体，其中有若干部族，例如谦河河源的索伊奥特民族，的确是真正的蒙古种；又有若干部族，例如突厥斯坦的吉尔吉斯民族，是介于蒙古种与欧罗巴种之间的；还有一些部族，例如奥斯曼民族，则属于欧罗巴种。虽然相隔很远，鞑靼突厥族的语言与蒙古的语言却有着一定的共通之处，而在那些历史事件里，这两个民族总是或全部或局部地，呈现为同一个民族。从体貌上看，带有蒙古种成分的鞑靼突厥人多于欧罗巴种的鞑靼突厥人，而且前者占据着更为广大的土地。总之，当我们局限于现有的典籍或资料，但又必须用一个字眼加诸这个民族身上时，我们或许可以说，从人种上讲，鞑靼突厥人即使不是蒙古人，至少应该属于蒙古种。对于蒙古人主张或有人替蒙古人主张，将很多类似于他们的民族都冠以蒙古种的字眼，还有一个更精确的依据：正如金栗色的北欧人是最典型、实际上也是最特殊化的欧罗巴种，北欧人每每有性格类似的地方都会被认为是在展现他们的势力；同样，蒙古的蒙古人，即从乌拉尔山延至麦哲伦群岛的广大人群，就是一般意义上的最纯净，实际上也是最特殊化的蒙古种，而其他的蒙古人则被人种学者称为大蒙古种。换句话说，蒙古人在大蒙古种里所扮演的角色，恰与金栗色种人在大欧罗巴种里所扮演的角色一样。正是基于这种认识，我们说，范围广大的蒙古政治世界的本体具有一个人种；也正因此，在谈到蒙古人的时候，我们会一般性地引用“蒙古种族”这个定义。

但是，“蒙古人”与“蒙古种”这两个名词的产生，就如书中所阐述的，依赖于成吉思汗这个缔造蒙古功业的人，因为他是蒙古民族的缔造者，同时又是将这个民族推向最高峰者。他的成就是那么伟大，可谓空前绝后，因而，即便是蒙古民族的最普通的后人也在追念他的功绩。虽然这种情形有其传奇的地方，但我仍可以举出亲见亲闻的证据来。1920 年，我曾与北部蒙古人相处。当我们说到他们用来招待客人的烧羊尾的时候，他们就追念起了当时红白两派的斗争，连同另外两个有关蒙古帝国的回忆，就永留于我的脑海中了。让我在第一天就感到很惊讶的是，当主人们围坐于火盆四周用蒙古语交谈的时候，他们没有一个夜晚不谈到成吉思汗的。另外一个事例就是关于卍字形的记号。这个记号并不是某一个地方和最近某一时代的专有物，在几内亚湾、苏丹、欧罗巴，以及整个亚细亚、太平洋彼岸，直至墨西哥，我们都可以找到这个记号。蒙古人常常摹绘卍字形的记号，我曾从他们那里得到了一块砖头，那上面有着两个用金属嵌的卍字形。当我问蒙古人怎样称呼这种记号的时候，得到的回答是：这是“成吉思汗的记号”。

有人说，成吉思汗的头发略带金栗色，眼睛也是淡色，这就是说他身上带有金栗色种的基因。这并不可以说成吉思汗是靠这种因素才成为伟大人物的，他所拥有的金栗色种的成分，或许与他的成长毫不相干。在各个国家里，我们看到许多伟人带了黑种的基因，我们虽然对这点尚有疑问，但总可问道，这个伟人的成就虽不是靠带有某一种族的血统，但是否是靠了某儿种极不相同的血统的混合？——当然，这绝不是说要全部人类都采用这样异种交合的办法来创造英雄。

成吉思汗及其后人的历史又一次告诉我们，英雄造时势。但英雄之所以能够造时势，也是因为历史的必然性，这种必然性本质上是群众使然。不管时势正以何种方式被主宰，但主宰者总是那些伟大人物。成吉思汗堪称伟人中的伟人，他成功的一个重要原因就是，他拥有一批出类拔萃的战友，即他有一批举世无匹的将帅。这种现象屡现于历史上的重大时期，或者毋宁说，正是有了这种现象，才有重大时期的产生。任何其他骑士都不曾获得速不台所曾有过的功绩。他曾四度驰骋于高丽与布达佩斯之间，曾于两年的转战中，遍历阿富汗、波斯、亚美尼亚、高加索、俄罗斯，并一一使之降伏，而这赫赫战功不过是靠区区两万名骑兵得到的，这两万名骑兵可谓个个是铁铸心胆！

蒙古帝国的种种战绩，依靠部落的力量显然是不可能取得的。只要我们对蒙古严格的军事组织展开一下研究，就可使部落的传说不复存在。在蒙古帝国的战绩中最令人震惊的一点就是，蒙古骑士经过一个地方后，仅留下几名代表，后来反而没有叛变的事情产生。这是因为他们先前已用空前恐怖的手段扑灭过叛变。人们往往说恐吓是没有丝毫作用的，但特定的时期，它的作用却不可低估。蒙古骑士似乎早已践行了尼采笔下的查拉斯图拉的那句话：“你要强硬，强硬得像金刚钻一样……”

作者自序

（德国历史学家约西姆·巴克汉森）

直到15世纪末期，在政治上，欧洲似乎始终处于世界文明的旁观者的地位，恰如它的地理位置一样：偏安于亚细亚大陆的一个半岛。西方人真正进入世界文明，乃是从文艺复兴后资本主义初期那些层出不穷的发明开始，在那一时期，他们几乎征服了整个世界。然而，即使在那个时代——到今天也不过间隔了200多年——有一批来自亚细亚的军队竟然来到了维也纳的门户。欧洲霸权的时代，前后持续不过500年，似乎就来到了它的末期，盛极必衰的征兆已经明显显现了。

中世纪欧洲发生的大事件，我们可能如数家珍，知道得很清楚；然而，对同一时期欧洲以外的事情，我们知之甚少，对辉煌而壮丽的成吉思汗战功史更是所知有限。这本描述成吉思汗及其帝国历史的作品，我认为是一本适合广大读者的大众通俗读物，在内容上，它不仅对当时的历史进行了充分的叙述和描绘，更对世界大趋势的发展进行了全面而深刻的预测。我们不仅可以从中探索成吉思汗及其所建立的世界帝国对整个世界的影响——这段历史已经不能局限于一个民族的历史，更可以从地理环境等方面，综合考虑成吉思汗及其草原帝国对世界军事、政治、经济、文化等方面产生的广泛影响，这对我们了解世界历史的变化格局大有裨益。

在最近几年中，陆续有几部关于成吉思汗的著作问世，其中最具代表性的应推哈罗德·兰伯的杰作。这些作品大多采取了小说的形式，多半仅仅关注蒙古帝国创造者的身世。我觉得更有必要的是，应将这个地球上最奇特、最广大的国家的全部历史写出来，而这个国家的宗教、经济、军事的面貌，都在这里据实呈现出来。

有关成吉思汗帝国历史的素材，主要来源于中国、阿拉伯、亚美尼亚的纪年史。如果不是专门学者，阅读起这些素材来将是相当困难的。但有一批研究者曾翻阅过浩如烟海、极其繁杂的材料，经过多方努力后，将其集中了起来。成果中的第一部应推豪威士先生的四卷本《蒙古史》，其次则为法国人多桑及卡恩的著作。我们也曾参考了爱尔特曼、汉默·浦格斯塔、格鲁塞的研究成果，他们曾翻译了蒙古王子撒难薛禅的纪年史。另外，我们还参考了大量其他历史学家关于马可·波罗游记的研究资料。我相信，本书的研究将是站在前人肩膀上的一部内容更翔实、更深刻、更全面客观地反映成吉思汗帝国的信史，也进一步揭示出成吉思汗帝国与现代世界形成的秘密。

目录

出版说明 /1

全球视野下的蒙古帝国史 /3

第一章　光荣与梦想 /001

第二章　风起云涌的上亚细亚 /009

第三章　天造地设的神山 /035

第四章　可汗之战及世界征服计划 /053

第五章　神圣的大札撒 /073

第六章　“上帝的祸魔”遭遇“真主的幽魂” /093

第七章　规模空前的西征 /111

第八章　充满神秘的暮年 /137

第九章　成吉思汗之子 /167

第十章　成吉思汗之孙 /197

第十一章　功行圆满 /219

第十二章　帝国的崩溃 /247

第一章
光荣与梦想

德国有一位浪漫作家曾说过："没有梦想力的人，就没有生存力。"务实的政治家成吉思汗在一个没落的和自相残杀的民族当中，不仅有着将本民族统一与发扬光大的梦想，还有着逐步实现这些梦想的力量。成吉思汗的血液中，流淌着他的民族特有的不屈的信念。最初以火与剑对待过他的民族，现在不得不承认他在这个民族中的伟大地位。他有着远大的梦想，又有着实现梦想的强大力量，所以，荒原上的无家可归者摇身一变成为了"成吉思汗"。

当一个游牧民族里的一个小部落的年轻首领每天还在为生计发愁时，某一天，在亚细亚广大荒原的某一地点，他忽然下定了决心，要为他本人及其民族，向世界进军。50年后，他双目瞑闭，为几个儿子留下了空前绝后的任何人都未曾有过的广大帝国。事实上，当年成吉思汗开始建功立业的时候，他的那个未来将取得世界的民族还未真正形成。身为孤儿，且还在少年时代，他除了卓绝的意志，以及对其使命不可动摇的信心之外，一无所有。而且，他还受到了同族人的攻击：从他的乡邻到部落的同伴，个个都像对待牲畜似的侮辱他。他的年轻妻子被掳走了，他仅有的几头羊、马也被偷走了，即便拥有数百万臣民的强大皇帝、王公，也不会对他留情。这个小子，这个荒原中被人轻侮的没出息的人物，那时还不知道那些后来成为其属部的王国及其名称，未来他却把它们一一降伏，收为自己的属部了。许多知名的王公贵族，往往是在他们的王位即将倾覆的时候，才知道他的名字。

没有任何一个被冠以“世界征服者”的人物的成功，比成吉思汗更艰难了。阿提拉，这位被成吉思汗尊崇为祖先并成为他后来争取统治权的合法凭据的人物，曾带领大量人马涌入西方，但最终被别人所征服。凯撒曾利用罗马政府国家机器，运行绝佳的组织，但一到他触碰到皇冠的时候，国家机器便反过来把他打倒了。拿破仑跨上革命的战马冲锋陷阵，但武装他最精锐队伍头脑的，是 1789 年的思想，那并不是由他创造出来的，败北后的他只能以俘虏的身份残存世间。亚历山大是最像成吉思汗的，他从其父亲手里承袭了世界上最精良的军队，但他自己不过是一介武夫，且短命而死，在他死后，他的帝国不过维持了百年即告颠覆。而成吉思汗的子孙，在成吉思汗死后一百年里，依然无可否认地统治着当时已知世界的 4/5 的土地。

战败的拿破仑说过一句名言："亚细亚需要一个人物。"这句话在 600 年前已经被成吉思汗实践过了。

事实上，历史上并没有什么令人不可思议的奇事，这并不是宽厚的上帝愿将地球奉送给这个伟大的蒙古人。在一个天资卓越的人看来，政治不过是玩弄某些权术手腕而已。那些有野心的、有美好理想的，又有着不平凡偏好的人物，往往就能成就非凡的功业。如果我们只看表象，或许会觉得成吉思汗所遵循的攫取强权的路径是不合理和令人不可思议的。但事实上，它比任何事物都合乎逻辑，都有计划。成吉思汗的成功秘诀正是着眼于可能的条件，他的一切计划都是建立在可能存在的条件的基础上的。

成吉思汗几乎是白手起家开始创业的。他仅靠着最贫乏的土地锻炼了他的子民，并逐渐取得了主宰的地位。他起先并没有扩张的行动，最初也没有复杂的理想，更没有完整的军队和国家的建制。但是他的创业也并不是凭空而来的，因为他绝不是一个孤注一掷的赌徒和一个侥幸行险的人。

的确，成吉思汗是创造历史的人物之一，甚至可以说是其中最伟大的人物。成吉思汗明白，时势造英雄。他感谢历史的赐予，而且力求顺应历史，去诠释它的意义。他自我定位为历史的传承人和执行人。时势延展了他的根基，培养了他的力量，他并不是一个毫无来历的篡夺者，历史是靠他来维持的。他的创业根基必然比寻常的更深远、更深邃，而他追溯这种根源所能遵循的路径也必然是更难以认识的。如要寻觅统治世界的锁钥——这个锁钥是为知道如何应用它的人而设的——则必须靠一个非常的人物。越是有着高强手段和灵敏脑筋的人，越是需要借用某些幻术者的神秘力量，这种力量有时足以明察宝藏的深穴和不可见的暗流。

亚细亚大地上的“宝藏”与“暗流”，在开始的时候，不过只是梦幻而已，并不十分确切。那是伟大过去的半神秘的传统观念，人们认为中亚细亚游牧民族的“千年王国”，确实存在过，并且应当重新实现。传统观念与梦想便成为成吉思汗天才政治的可能条件，他顺应民心，要将这一理想付诸实践。已死的过去与将生的未来成了他为之奋斗的现实依据。

德国有一位浪漫作家曾说过：“没有梦想力的人，就没有生存力。”务实的政治家成吉思汗在一个没落的和自相残杀的民族当中，不仅有着将本民族统一与发扬光大的梦想，还有着逐步实现这些梦想的力量。成吉思汗的血液中，流淌着他的民族特有的不屈的信念。最初以火与剑对待过他的民族，现在不得不承认他在这个民族中的伟大地位。他有着远大的梦想，又有着实现梦想的强大力量，所以，荒原上的无家可归者摇身一变成为了“成吉思汗”（即最强大的君主或万汗之汗——译 者注）。他从血统中所得到的遗传，也极大地增加了其致力于本民族发展壮大的自觉性。

而且，成吉思汗一刻也不曾忘本，那是他可资创业的唯一条件。他一手推翻了世界，但唯一不敢丝毫改变的是他的民族习惯与法则。他曾冷酷地使亚洲服从于他的约束，犹如他自己服从于这个法则的约束一样，哪怕有时必须偿付肉与血的代价。出身于拥有已延绵了千年的习惯的民族里，他是一个兼有热血与理性的保守者。在他弥留之际，他对儿子们所讲的最后几个字就是：“遵守法则！”他的儿子们遵守了法则，帝国便安如磐石，并且疆域继续得到扩展，国力强盛如旧。但一到他的孙子们那里，他们违背了法则，帝国便瓦解了。

如果我们撇开成吉思汗成长的自然环境和那里的民族习性，那么，我们就无法真正认识成吉思汗了。与其说他是一个个体，不如说他是一个种族和一种游牧生活下的超人的化身。在他身上，集合着——这当然是历史上的最后一次——纯正中央亚细亚游牧生活的所有精华，这种生活方式已经达到了很先进的程度，因而使整个世界的面目发生了巨变。世界的均衡因此一度中断，历史似乎要追寻一条新的路径，即反对定居民族，反对农业民族，反对“文明民族”，而偏向于时刻行进的“野蛮民族”，偏向于游牧民族。

然而，已经太晚了。正是这个“失之太晚”成了成吉思汗的计算里唯一的错误。实际上，这个错误也是他个人所不能纠正的。即使他成了像上帝那么强大的人物，唯一、独尊的志愿也只能一时掌控时代的车轮，而不能永远逆转时代的潮流。哪怕是最大的难关都渡过了，游牧者将整个大地变成遍布牧群和逐水草而居的游牧人的帐篷的草原梦想却不可能完成。蒙古人毕竟人数有限，随着征服地区的扩大，必然会精力分散。这样的结果是，一次次的远征最后变得似乎徒劳无功、空费心血。敌人在第一次奋击中所不能以武力得到的，却在蒙古人经过长久战争、精力被消耗后得到了。文明则作为更高级的武器攻击着成吉思汗的后人。此时，蒙古人的明哲精神却消泯于亚细亚各种宗教的纷争中了。纵欲和酗酒消耗了蒙古人的精髓，到最后，他们抛弃了法则，而这个法则恰是唯一赋予他们力量和在他们马蹄所到之处保护他们祖国的法宝。到最后，成吉思汗的思想被违背了，他创业的根基不存在了，成吉思汗“必须区别蒙古人与被征服者，并使蒙古人稳居统治世界的地位”的原则只能是妄想了。此后，无论他们是当时就被打败、被赶走，还是如在印度和俄罗斯那样，还能在外国的宝座上维持好几个世纪，并从北冰洋到了赤道，还打了许多胜仗，实际上这两者是没有根本差异的。

他们已不是成吉思汗时代的蒙古人了，他们丝毫不记得他们的大首领和创业人当初所嘱咐他们的伟大任务了。

成吉思汗及其后人的历史是中央亚细亚游牧民族所主演的惨剧（战争或者征服毕竟造成很大的破坏，说是惨剧应该不为过——译者注）的最后一幕。这个民族在前后一千多年中，曾离统治世界仅有一步之遥。13 世纪，在一个天才领袖超凡毅力的领导下，他们又一次进行了一番惊人的扩展。在他们的地位登峰造极的同时，他们自己也消耗殆尽了。但他们征服了世界的广大地区的同时，使世界经济、文化、军事等得到催化，世界的格局和文化交融从此进入了一个新时代。

这一出惨剧的演出地点在亚洲。白种人不过只感受了一番轻微的痛苦，颠摇于地狱的门口而不曾亲身经历。由于民族分化政策等点燃了亚洲各地人民的反抗烽火，成吉思汗缔造的世界帝国的命运，便在这场复杂的政治、宗教、文化斗争中确定了。

第二章
风起云涌的上亚细亚

上亚细亚的躁动越行越烈。整个种族正向南进发，不停地穿行于从青藏高原、帕米尔至日本海的广大区域。唐兀忒人向东扩展到了黄河上游。契丹人则出现在了伊斯兰帝国的边界。在西戈壁滩，一个游牧民族的大国——“若望神甫”的王国建立了起来。蒙古高原的北部空前活跃起来。上亚细亚的民众不断增加，并在边界上形成聚集。此时的中央王国正趋于分崩离析。在旧亚细亚方面，做了阿拉伯奴隶的突厥佣兵曾建立过塞勒术克王朝，他们坐在苏丹的宝座上，对正式的宗主巴格达的哈里发发号施令。各种条件都成熟了，只等候一个人物的降临，来重建匈奴与突厥的伟业，以领导复兴的部族尽力走上那些伟大先人们走过的路。

人类居住的地方，总是会赋予居住地的种族与人民一种地域特色。所以，一个地方的政治历史，便是它的地理和气候结构的一种忠实的映照。这个法则正是欧洲史与亚洲史有着根本差异的原因。

欧洲幅员偏小，它虽然分裂为许多个国家，但从某一地点到另一地点一般没有不可逾越的障碍与界限。所以，欧洲很早就具备构成泛欧罗巴历史的那些因素。在欧洲的地理上，各部分之间互相接触是相对容易的，这就使得所有的重大事变总不可能局限于某个地方，它们不久就会在整个欧洲内部发生反应。即使有两个大山脉——阿尔卑斯山脉和比利牛斯山脉的存在，它们也一样构不成界限，反而因为海洋的温和气候消灭了它们的诸多险恶之处，而使得它们逐渐被人类所征服。海岸线的充分发展与地中海的安全环境等有利条件，在很早的时代就促成了航海业的发展，这就大大增加了欧洲各地互相交通的可能性。

即便我们设定，在欧洲各民族里，很早就有固定生活和各民族分立的明显倾向，但事实上，其中总有许多接壤的土地存在，这就使得彼此相互沟通的根源不至枯竭。欧洲的构造正像一个流通瓶一样，因此，欧洲各部分之间，每次发生变故后，总又能重新恢复均衡。这种情形的结果是：欧洲呈现出一种共同的命运和发展。当然，各小部分也仍保存着彼此差异的形态，以制止欧洲走向完全趋同。

亚洲的情形则完全不同。在亚洲各地之间，天然存在着许多屏障，将其分裂成了复杂的状态，这种内部的巨大差异性与我们使用的这个整体性的名词——“亚洲”几至不甚相称，更不用说“亚洲史”这个名词了。亚洲大地的各部分虽然黏在一块儿，但实际上，各部分共同的地方以及可使它们互相结合的成分，远不及使它们彼此隔绝的成分。亚洲正是这样，长期惯性地受一种地理政治的法则、一种离心力的作用所支配，使得各地之间没法联合起来，也不是互相对立，而是逐渐彼此分化。

我们翻开亚洲的地图，便可明白亚洲史发展过程中所遵循的法则与倾向。

在亚洲的中部，盘踞着一片广大的山脉，像蜘蛛网一样向各个方向伸展着它的支脉。青藏高原构成亚洲的脊部，世界屋脊帕米尔构成其头部，从这个中心伸展向各地的山脉就相当于兽之四足。在各山脉之间，是广大的水域和广阔的平原，发源于青藏高原及其山麓的江河灌溉着这些地区。

在印度那一部分，东北临喜马拉雅山，西北临兴都库什山。这两个山脉都发源于帕米尔。流经印度的三条大河：印度河、恒河及布拉马普特拉河（雅鲁藏布江流入印度后的名称——译者注），则都是发源于喜马拉雅山。

青藏高原延伸成弧形，穿过中南半岛（旧称印度支那半岛——译者注），支脉展至巽他群岛。这些山脉将印度部分与中国部分完全隔断。中国受黄河与扬子江的灌溉，这两大河流也像南亚次大陆的大多数大河流一样，都发源于青藏高原。

中国的疆域在西北方大致以昆仑山及其延长线为界线。这支山脉起于青藏高原北部，延伸至贺兰山及其他各山脉，蜿蜒穿过东亚一大部分。这支山脉上还有中国万里长城的遗迹，长城斜走北部，又重新达到高度可观的兴安岭，后者切断了中国东北地区与蒙古高原。这支山脉还将中国沿海各省及肥沃流域的平原地带，与较陡峻而不易攀登的高原相隔绝。这一带高原——主要是西藏、新疆、蒙古高原等——时常被人们概括地称作“上亚细亚”。

上亚细亚这一区域，南端与东端沿着中央亚细亚的山脉，即昆仑山与兴安岭，北端与西端则受限于帕米尔北部的各山脉，最重要的是天山和阿尔泰山。这个地带完全与海洋隔绝，水量稀少，绝大部分地区被海拔很高的沙漠所占据（如戈壁及塔克拉玛干——原注）。在多山的边界上有若干断裂处，这些断裂带因而成了高地进入低地的门户。

最后，“世界屋脊”向西部伸展的一脉山峦遮盖了阿富汗、波斯（现在的伊朗高原——译者注）、土耳其、小亚细亚等地。发源于帕米尔的锡尔河和阿姆河灌溉着这个区域，它们越过沙漠一直到达阿拉湖（即咸海——原注）。

湖泊、大山脉起于北海，经里海、咸海、巴尔喀什湖以至贝加尔湖，横穿亚细亚这个大山脉的北部，伸展至西伯利亚平原，这一地带形成了与亚洲其他区域完全不同的地貌特征。一片遍布森林与草原的大地像大海似的，连结着亚细亚多山各地的东部，发源于那些山脉的各条大河倾注在西伯利亚这片广阔的平原上。

概括地将亚洲划分为以上五个区域的地理结构，同时决定了亚洲历史的各种倾向和各种步调。

同样的现象几乎恒久不变地按惯性发生：在其中一个区域内，发生了一番强有力的政治动向，经过若干起伏不定的阶段和对敌势力的斗争后，最终形成了这个区域的统一及严格的权力集中。这个时候，这个区域就开始经历一段文明昌盛的时期。

然而，王朝的末日还是会不可避免地来临。亚细亚历史无法逃避的地理政治法则和离心力倾向，便在这个时候发生作用了。在亚细亚，同样价值的组织没有互相靠拢的可能性。那些国家的所在地和重要文化的诞生地，彼此相隔太远或为若干障碍物所阻隔，而且那些障碍物还不是通过交通技术或军事技术所能克服的。新的亚细亚大强国——假如它不与亚洲以外的国家发生冲突——终究是会在这一区域重新出现。这种孤立的地位对这一区域是很不幸的。这种隔绝促成了内部的繁荣，以后则重演着分离和瓦解。而新的亚细亚强国，终将陷于停滞状态，或者退化，甚至因不断的内部斗争而陷于分崩离析。

凡以因相似历史的不断重演来估量中国和印度者，不免因屡屡看到命运的轮回而感觉疲倦。唯有外来民族，多半是游牧民族，并且是来自上亚细亚或小亚细亚的游牧民族，干预了他们的国家发展，才能使他们暂时兴奋起来。

然而，这种干扰——当然是相当地稀少——同样不能促成各种势力的均衡。有活动力的各中心彼此相隔太远，亚细亚各区域简直就是一个个各自孤立的世界。因而，国家内部的紧张情状始终是潜伏的，必要经过逐渐的累积，间隔了许久，直至可怖的爆裂发生。

印度那一区域是相对最孤立的。东部的喜马拉雅山脉隔绝了它同中国的直接接触。兴都库什山是它最脆弱的屏障，雅利安民族就是翻越这座山而进入印度各地的。后来蒙古狂潮的最后一波波澜来到印度，也是经过这一门户。在历史上，对于对外防御，印度本身始终处于消极的地位。我们可以相信，印度的荆棘繁殖地及低洼流域曾诱致了一切外来势力潜入印度。在印度的肥沃高原上，雅利安这个好动的游牧民族，在印度的湿热气候影响下，转变成了定居的与和平的农业居民。印度在撇开了西北部的被侵入地带后，专心应付自己的内部问题，居于首要地位的便是种族和阶层问题。内部政治几乎完全支配了印度历史的发展进程。

居住在中国区域的，同样有和平的、文明的和务农的民族。虽然中国历史比印度历史更起伏不定，但其原因却不在中国人身上。中国历史波荡不定的根本原因，在于掩护不得力的西北部边界上的纷争。中国对外政治上偶然的活跃，只可视为上亚细亚向黄河和扬子江各流域进攻所引起的一种冲动。每每中原王朝有些朝代意图扩张时，其要务就在于解除北部和西北部的威胁。这时，他们的举动总是未雨绸缪的，基于安全的需要，中央王朝的势力会远远延伸至上亚细亚。中国历史的发展规律印证了这样一个事实：不是中央王朝侵扰了沿边各地，反而是沿边各地袭扰了中央王朝。成功入主中原后，新的主人翁——少数民族的首领，将他们原有的土地与中央王朝所支配的版图合并起来。元朝和清朝就是这样的入主中原的大帝国。原本的农业民族对于侵入他们本族的外敌，历来施以坚忍和激烈的抵抗，但他们绝不会认定北部和西北部各地是隶属于帝国本身的。中国的帝国主义并没有存在过。中华民族多数时候是一种自给自足的状态。我们可从万里长城这个纯粹防守的工事上，看出这个民族的性格。

关于亚洲大强国政策，在亚洲，如中国和印度，由于它们的人民依靠土地及手工业，因此这里并不推崇大帝国政策。完成帝国塑造的政治角色常是由其他两个区域，即上亚细亚和旧亚细亚来扮演的。地理优势优先性地使这两个区域成为了历史的活动中心。从地理上说，它们都居于海拔较高的地方，并拥有向各方进攻的出口。中国和印度受制于人口增加而土地贫瘠的现实，因而需要将它们的力量向外发展。但沙漠和辽阔的荒原并不能像农耕地区一样，成为永居的处所。

在那类地方，能够昌盛的，是那些游牧民族，可以大有作为的，是那些伟大的征服者。那是骑士民族的乐园，他们在亚细亚的历史上意义重大，因为这些民族能够通行无阻地驰骋远近各地及各种险阻。但对于农业居民来说，亚细亚游牧民族的精神在他们身上受了自然的限制，他们不得不与土地相黏结。但在旧亚细亚，尤其是在能够使那些区域充满生机并产生实益的上亚细亚的游牧民族里，亚细亚的游牧精神是经过锻冶的。亚细亚之所以总是生存于动荡和革新以及种种祸患的过程里，多是它的游牧民族搅动的。

米太人、波斯人、帕提亚人，以及那些新波斯人等强大侵略者，在其与雅利安的移入民族混杂后，曾昌盛于旧亚细亚。第一个白种人的帝国的成立，就是在这个时期，它是由波斯人创立的。在那个时代，罗马国家还是个小小城市而已。这个波斯帝国的文化兼有农业与游牧两种要素，曾闪现了五光十色的光芒，包罗了欧罗巴、亚细亚、亚非利加的各种成分。这个波斯帝国那时位于世界上最显著的位置，曾力抗来自四面八方的攻击，最后亡于马其顿国的亚历山大手中。每次遭逢灾祸后，波斯帝国仍旧巍然复兴，它的最大成功，就是前后好几个世纪面对亚细亚的压迫，它始终能尽力抵抗。

后来，阿拉伯沙漠的骑兵在穆罕默德的绿旗之下向东方猛进，高度文明的波斯帝国才在更强壮的游牧民族的奋击下覆亡了。穆罕默德大军在以民族立国的旧国家所在地上，成立的是一个以宗教立国的帝国。伊斯兰教从此传入旧亚细亚。

此时，自然的界限泯灭了，唯有信仰会引人注意。过去始终受压迫的突厥各部落，则和平地由上亚细亚一点儿一点儿迁移到波斯的地面上，成为伊斯兰教精锐的组成部分。突厥、波斯、阿拉伯的各种元素相互融合，造就了新的、卓绝的、昌盛的阿拉伯文化。水量丰沛的锡尔河和阿姆河（旧史名为雅查尔特河和阿瞧斯河——原注）流经这个富饶而人口繁多的国家。那时，两河流域，即脱兰索士安（即河中府）和呼罗珊各地，正经历着它们最昌盛的时代。不花剌和撒马耳罕已经有了发达的市集、学院和农业，发达的灌溉技术使农业大为繁荣，马鲁和也里两城的人口竟达 100 万之多。

在 11 世纪及 12 世纪，这个伊斯兰帝国是当时世界上最强盛的国家之一，因而成为基督教的西方各邦的重大威胁。历次十字军东征，就是在日出之地与日落之地的各国中发生一番新较量的先兆。

令人意想不到的是，祸患却从东方而来。成吉思汗的西征部队来到了旧亚细亚，捣碎了伊斯兰的势力。这个地方遭受了战争的严酷洗礼，再也不能完全恢复起来。上亚细亚自上古以来，始终是游牧民族的大本营，现在却见证了它征服世界的最后和最惨烈的努力。

实际上，可以在一定程度上说，正是农业民族和游牧民族的斗争创造了历史，历史正是在斗争中才达到了一种互动、更替。在这种斗争中，不仅存在着各民族的迁徙，也有着各国家的兴废和各种族的混合与移动。各种文化也从这两个基本成分的调和中，形成了各自的特性。甚至更有人说，耕种生活与游牧生活的融合，就是文明的初胎。由人类生活的最初状态开始，逐渐形成了特定的经济组织——这个组织的定义可由它的名目里看出来。随后，天时和地利等各种条件将这个经济组织逐渐分解开来。一方面表现为游牧者和在高山放牛羊的牧人，另一方面则表现为原始的农民，后者能够从至今在亚洲尚存的若干种陈旧耕种形式里完全不知造车和如何榨乳牲畜的那些群体身上看到影子。所有这两种人民，游牧人民和耕种人民——前者拥有强烈的扩张天性，后者能以其勤奋和忍耐种植土地——都要经过一段遥远的路程，以达到他们的经济形式的更高阶段。榨乳牲畜的饲养，曾经过了一段起伏不定的历史，恰与播种谷物所经过的历史一样。

所谓的文明人就是由这两方面结合产生的，它结合了这两方面的实质价值，不仅使商人和工业家受益，从事畜牧业的农民也同样受益。

诚然，世界上保持纯粹形态的游牧民族，已经逐渐消失了。纵观历史，我们会发现，总是游牧民族变为农民，他们以征服者的姿态来到后者身边，又被后者所同化。新的经济方式比原有的形态高级，纯粹的游牧民族与原始的农业民族也就逐渐被精耕细作的农业民族所淘汰。

然而，在这种自然形态下，仍然会存有一部分游牧民族继续与生产方式较为先进的农业民族混合杂居。欧洲人的勃勃生机与其强烈的发展的需求，是基于那两种原始的成分顺利调和的结果，就是说，在这种调和里，会充分呈现着“动”的本质。因为所谓游牧民族不仅限于猎人与牧人，其中也有海上的游牧人民，他们以水面代替荒原与沙漠。外轻团（来自斯堪的纳维亚半岛的海盗——原注）和诺曼底（主要来自挪威和丹麦两地的海盗——原注）就属于这类海上的游牧民族。征服一半世界的盎格鲁－萨克逊人身上就留有很大一部分游牧生活的特性。

在欧洲，我们随处可以找到来自游牧生活的遗迹。那些遗迹扎根于各个国家的构造和各个民族的理想中，它们也会流露于政治的各种原则里。

这两种基本成分的融合，产生了自足生存的开化民族，但这个融合的过程并不是没有经过剧烈的斗争和冲突而发生的。在世界历史上，民族融合的过程呈现出它动人的定律，并一直延续到公元10世纪之后。那几次各种民族大迁徙时期，野蛮人与非野蛮人之间发生斗争，形成特别尖锐的矛盾。尽管到今日已经达到了一种均衡和稳定，但在现代的纠纷里面，仍然有旧日矛盾的存在，虽然可能戴上了其他面具或改用了其他种种名目。

在欧洲，至少在某一种程度上，这个混合曾经在早期实现过。日耳曼各民族迁徙时期，斗争激烈的敌对双方都已兼有游牧和农耕这两个基本的成分。再经过几个世纪后，欧洲找到了其固定的生存场所，这两种成分就紧密地结合起来，因而使欧洲不久就可伸手而掌握世界的统治权。

在亚洲，同样的过程只能缓缓而艰难地进行，而从来没有达到它的终点。亚洲地域的辽阔与其本身的结构，妨碍了实际沟通协作的建立。农业与游牧业的范围彼此截然分开。发生在定居者与迁徙者之间的冲突，在亚洲往往都是恐怖的、有流血的。上亚细亚历来不断地形成新的进攻力量，而成为纯粹游牧生活的保留地，进而对中原王朝构成一个恒久不变的危机。因而紧张性始终存在，震荡亚细亚的暴风雨总不肯平静。

到13世纪初，上亚细亚游牧民族有了一个真正的领袖，这个领袖知道利用敌人的武器组织进攻的力量，并由此发挥他的效能。

这个领袖便是蒙古人成吉思汗。在他的心目中，游牧生活的志愿与理想是本能的、自觉的。他为这个民族确立了一个明确的目标，那就是：蒙古人统治世界，整个大地全归于游牧人！

13世纪的暴风雨开始于上亚细亚。由这个地带发动的征服世界的力量，在历史上并不是开创性的。许许多多迁徙的民族曾都是从那些高原上下来的，因此有一时期人们曾认为上亚细亚是“人类的摇篮”。今日看来，这个说法并不能成立。我们应当承认各种各样的种族曾各自出现于世界上不同的地点。

但有一件事是可以明确的：假如我们认为波罗的海东岸各地是印度欧罗巴系种族的发源地——这个种族从此地周期性

地向南方推进，占据了欧洲、亚洲、非洲的许多土地，那么上亚细亚及其繁殖地的种族，在旧世界的东部也扮演了同样的角色。直至有史时代，欧罗巴和上亚细亚似乎是地球上向外繁殖的两个仅有的中心。历来先是从这些中心出现了拥有火山爆发力的民族，这些民族处于征服者的地位，横扫了几乎完全处于被动的其他民族。逐渐地，这两个区域的民族形成力量均衡，因而往往形成拉锯战，而世界史也可被看作是这两个种族的决斗史，他们带领着各自的部众，进行争夺霸权的斗争。在斗争过程中，上亚细亚占了上风。直至中古时代末期，与上亚细亚的活跃力在世界范围内所鼓动的事变相形之下，欧洲的历史简直是瞠乎其后了。直到近代新航路开通之后，天平才倾向于欧洲方面。

上亚细亚种族的迁徙早在冰河时代就已经开始了。乌拉–阿尔泰（也叫做芬鲁、乌格烈安——原注）系种族的代表者约在公元前二万五千年来到欧洲。拉本人和爱斯基摩人（两者都位于北极地带，文化、语言、体貌体格完全不同。前者属于欧罗巴种，后者属于蒙古种——译者注）便是这个种族的最纯粹的后人。这支上亚细亚种族与一支欧罗巴种族混合，便产生了东波罗的种族（为金栗色种的支系之一——法文本译注）。在那时候，或许亚细亚土著也曾取道北极地带而进入美洲，那时的北极地带的气候条件应该与今日大相径庭，但他们生存了下来。比较人种学就曾在亚美利加土著与亚细亚土著之间发现了彼此有关系的明证。

至于乌拉－阿尔泰系种族在亚洲各地史前所处的地位，到今天仍然是一个谜。有关上亚细亚游牧种族的初期史材料，我们也不是很多。在这一点上，中国的纪年史是我们唯一的材料来源。然而，由于此前中国人不甚注意人种学，因而这个来源也并不丰富。

中国人说，在公元前三千年，他们的祖先从西方（黄河流域上游——译者注）来，占据了陕西地区，那时遇到了“北方野蛮人”（即北狄——编者注）。从这个时期起，中国整个对外政策的形态就是以其与那些野蛮人的关系为依据的。起初，中国人甚至不提及那些野蛮人的人种结构及其组织。他们只将后者命名为夷狄，后者的主要驻地在中国东北、蒙古及新疆各地。因此，我们不能在汉族人与乌拉－阿尔泰人之间证明出一种世系的关系来。即便这种关系存在，那也无非是十分遥远的，他们应于极古的一个时期彼此分离，彼此形成的文化状态也是大相径庭的。另外，与北方游牧民族不同，汉族人则拥有一种单音的语言。

在被中国人冠以不甚好听的名字的上亚细亚各种乌拉－阿尔泰系民族中，最有势力的是突厥、鞑靼及东胡各族（后者为满族人的祖先——编者注）。这些民族也与高丽人及日本人有某种亲属关系。至于蒙古人——我们应先特别说明一下，还不能够列入这一序列里，他们还不可能以一种种族的地位存在。这个小部落第一次以“蒙古”之名出现于史册是在公元900年，他们好像仅为突厥或鞑靼种族的无数派系中的一支。属于这个部落的成吉思汗，后来以隆重的形式将新统一的上亚细亚一切民族均冠以“蒙古”的名称。所以，我们这里还不能说有蒙古民族，更说不上有蒙古种族。在中古时代，因为东方人是在蒙古人的领导之下，进入欧洲视野的，所以作为统治者的一个小集团的部落名字，竟被统称为“黄种民族”。

企图从人种学立场上细分乌拉－阿尔泰系的游牧种族，无疑是一种徒劳无功的尝试，至少在这个种族刚从高原上下来的时候是无法细分的。各部落频繁地自由迁徙，或和平或激烈地互相融合，因此，从这一世纪到新一世纪，种族的名称及其居留的地点都是不停变动的。在上亚细亚那边，生存的、移植的、斗争的、建立了若干王国的、扰乱了四邻的，究其实，总是那个同样的乌拉－阿尔泰系民族。

在公元前 12 世纪，中国中央王朝遇到了一个特别强悍的对手，那就是历史上有名的匈奴。这个民族逐渐强大，不断地袭扰周边民族，一再进入中央王朝的腹地。

约在公元前 1000 年，匈奴曾达到其极盛时代。或许在那个时候，雅利安种族正向旧亚细亚和印度推进，打乱了趋向西方的游牧各部落的先锋队伍，他们被赶到东方来，因此发生了更猛烈的从上亚细亚拥入中原腹地的浪潮。

前后一千年中，中央王朝与匈奴的斗争持续不断，中原王朝疲于应对，匈奴曾一度占领了中原王朝的大片土地。到后来，中央帝国在一个新朝代的统治下强盛起来，终于压倒了匈奴。就是在这个时候，也就是公元前3世纪，秦朝进行了伟大的万里长城的修筑。修筑这个国防设施的目的是防备北方和西方的兵寇入侵。起初，长城曾尽善尽美地实现了它的目标，而且形成了良好的军事行动根据地，因而不久后中央王朝便反守为攻了。他们有计划地出兵征讨上亚细亚。约在公元前100年（西汉时期），凭着卓越的战略战术，西汉王朝击溃了匈奴主力。东方各部落几乎全部被歼灭，残余人众逃到了贝加尔区域的山中。其他各部落的一部分，例如内蒙古各部落，被迫迁移到万里长城以内。这一措施的目的是，使那些驯服的游牧民族随时代的转移，逐渐成为守护边境的同盟者。后来，中央王朝又举兵攻打西部匈奴。

为使那些非归顺部落的力量不得靠近帝国边界，中央帝国统兵大举进入西亚细亚。中央帝国的军队曾到达里海东岸。军队的统帅甚至要进攻波斯、罗马大帝国——中国人认为这种帝国半属传闻。这个理想曾令部队兴奋不已，但是中国皇帝在军队刚要进兵的时候，制止了这个行动。

公元前1世纪和公元后1世纪，是各游牧民族的没落时期。罗马、波斯、西汉这三大帝国到处开疆拓土，且巩固了它们的边界。迁徙无定的各游牧部落所拥有的地盘显见缩小了。然而，游牧民族在东亚遭受失败，也影响到了欧洲。前后一千年中，一直是西方压迫着上亚细亚，现在则恰恰相反了。中国推动了各游牧民族的西进，他们便散布于俄罗斯南部荒原的广大土地上。在那以前，匈奴的战线是对着东方的，现在却突然转向西方了。此时，上亚细亚的一番轻微动作，便可在欧洲引起惊天波涛。

这一天，蒙古高原各部落在中央王朝的打击下，丧失了他们的自由和牧场，他们只有卷起帐篷重新出发。他们风起云涌般聚集起来，率领荒原上习于游动的部众向西方前进。在离开东方的时候，他们名为匈奴，转眼却是以匈人的名称出现于西方了。他们一直行进至欧洲，并征服了居于欧洲东部的各民族。这种冲突便由那些民族传至已改向南方移动的日耳曼各部，这样，欧洲各民族的向外扩张便受了打击。

在卡塔罗尼安平原战败之后，匈人退居于多瑙河平原，侵入欧洲的上亚细亚游牧民族的第一个帝国因而建立起来。它的确不曾存在很久，因为它只有打江山的本领，而没有坐江山的能力。然而，匈人的特性仍留存于匈牙利的马札儿人身上，在其后几个世纪间，马札儿人一直是侵扰欧洲的一个主体。在远东方面，人们没有忘却骑士民族的统治曾一直扩展到多瑙河平原。

匈人进入欧洲产生的一个重要后果就是，在匈人退出之后，欧罗巴和东亚细亚之间仍然连续不断地驰骋着一批批游牧民族。这些游牧民族彼此连系，像水流似的，从此沟通着东西方的每个动静。成吉思汗曾不仅在事实上利用了这种状态，还由此推出了其统治世界的理论根据。因为在12世纪，上亚细亚不再同匈人时代那样，浪费了几百万的民众进攻其他民族。而且各民族努力取得的荣光，实在太让蒙古传统的政治家心生向往了。

因此，中央王朝并没能享受悠久的安宁。在中央帝国的西北部，出现了一个由突厥人领导的新强国。作为第二个上亚细亚的游牧国家，它建立了超强的组织，远非各游牧部落的一种简单集合可比拟的。牧人与猎人的艰苦生活造就了他们固有的风俗和习惯，国家的力量就是恰当地倚靠于这些风俗和习惯上。新强国以哈剌和林为都城，这个位于蒙古高原西部的荒原都会，后来在成吉思汗及其后人的手里曾重新昌盛起来。

而这一时期的中央王朝内部分崩离析，已经完全丧失了抵抗外敌的能力。当遇到对立的游牧部落群中出现一个能力超强的部落时，中原王朝对上亚细亚地区采取的分化政策便不能发挥作用了。这些让中央王朝忧虑不已而又常动的部族，这时已经集合于一个本族领袖的麾下，这也正是他们久有的倾向。不久后，突厥族建立的帝国的活动范围便扩展至整个中国北部，统治了东至太平洋、西至波斯王国东境的版图。俄罗斯南部荒原的各游牧民族，即匈族的残部，屈服于来自东方的压力，开始向西迁徙。他们以阿法尔人的名字出现于欧洲，大量生存于巴伐利亚与德意志，直至易北河为止。他们复修阿提拉的堡垒，直到两个世纪后，才被查理大帝所永远战败。就是在那时候，在爱察尔堡垒里发现了竟使欧洲市场发生黄金跌价的宝藏。

这一次，建立了庞大帝国的突厥人不仅享受着在东亚细亚掳掠及肆行攻击的快感。其游牧民族所具有的组织和创建国家的惊人能力——这也正是他们之所以大大强过其他亚细亚民族的地方——也第一次明显地表现出来。在这个新国家里，他们整顿秩序，并确立了一种世界政策，其锋芒直指西方。

条顿民族与伊兰民族积怨已久，双方曾在突厥与波斯边界的锡尔河发生过剧烈战斗。种族的仇视，再加上经济的纠纷，不久以后，那条著名的“丝绸之路”——自西而东的商队要道，可以从波斯或从突厥领土上经过——受到了波斯人有组织的扰乱。有一天，他们在边界上破坏了突厥族一个商队，突厥人自然不能坐视这种侵害世界贸易安全的行为不管，何况这个贸易乃是他们的财源。

他们派遣代表前往拜占庭，请求与东罗马联盟，东罗马与波斯的宿怨他们心知肚明。这个联盟的目标，是以保护和便利自由贸易为出发点，进而合兵征讨波斯以恢复秩序。突厥愿意援助罗马抵抗任何敌人，并希望在与波斯发生战争期间，将商道改经俄罗斯南部荒原，同时双方订立通商条约。的确，在 6 世纪，大批的中国商人曾经出现在拜占庭。

然而，拜占庭人已不是大外交家了，他们错失了突厥人提供的良机。事实上，他们似乎不乐意同那些野蛮人沆瀣一气，更重要的是，那些野蛮人不是基督徒，而是奉行着一种依违两可的政策，毫无诚意可言。所以当突厥人要求实施联盟计划的时候，他们则设法推诿。等到突厥人终于明白，他们不必替罗马人冒险的时候，就愤怒地终止了谈判。

而在这个新帝国时期，主动权则在突厥人方面了。他们先是在北海和伏尔加河确立了他们对于同宗各部落的统治权，继而在罗马人面前占领了克里米亚。通过这些行动掌握了北方的通商道路后，他们立刻封闭了波斯边界，并且宣布，唯有避经波斯领土而取道于北方通商路径的货物，才能获准运入东亚细亚。

600年后，类似的事件发生的时候，成吉思汗重复采用了突厥的政策。东方与西方的冲突又因上亚细亚与波斯的经济纠纷而重新爆发。

7世纪，突厥的国力开始衰弱。在东边，复盛的中国已经能够摆脱游牧民族的羁绊，而且充分利用上亚细亚各部落中的各种矛盾以削弱其整体实力。而西方也发生了新事变，而且一下子变换了旧世界的面目。

伊斯兰帝国在阿拉伯诞生，并风驰电掣般迅速扩张，不仅向西方扩张，同时也向东方扩展。波斯王国长久以来力抗罗马与突厥的双重进攻，现在又遇上伊斯兰帝国的强力突击，终于陷于毁灭。阿拉伯人不仅占领了波斯本部，同时占据了突厥人繁殖极盛的河中府。

新的宗教帝国处在近邻，这便对突厥人产生了影响深远的结果。波斯人用以抗拒东方而筑成的种族屏障如今失陷了，乌拉－阿尔泰人便如波涛般进入旧亚细亚。他们高擎穆罕默德的旗帜——在这个旗帜下，只要接受这个先知者的教义就可成为主宰者——征服世界的企图，进入到富有的西方与繁华的罗马的希冀，在这个已经嫌本土狭小的民族心中生根发芽。几十年后，突厥雇佣兵已经称雄于伊斯兰帝国的都会巴格达城中。这些半野蛮人经常放肆地招摇过市，无法无天地蹂躏人民和店肆，使得当地人民苦不堪言。

于是，在伊斯兰教的旗帜下，乌拉－阿尔泰系的居民显著地发展起来。如今，他们混合了上亚细亚的血统，这不仅包括俄罗斯南部与西伯利亚的那部分，旧亚细亚也在其中。另一方面，许多部落皈依伊斯兰教，使得种族间逐渐分裂成为两个敌对的阵营。俄罗斯南部荒原的游牧民族信奉穆罕默德的教义，也正因此，他们脱离了上亚细亚祖国。突厥人向来对宗教不太重视，对于教义更是无置可否，他们在自由和放任中成长，仅信奉他们祖国东部的一种原始宗教，如今来到了西方，同皈依的日耳曼人一样，他们变成了新信仰的拥护者，像儿童一般驯服于新的教义。不久以后，他们成为了伊斯兰帝国的雇佣兵，为外族的教旨而流血牺牲。

后来，当成吉思汗凭借过去匈人的神话和突厥国家的组织，意图使各民族重新汇合起来的时候，宗教问题便成了最大障碍。蒙古的全部政策必须集中解决这个问题。因此，一番残酷的宗教战争开始了。在民族意识还没能压倒宗教理想之前，流血牺牲是不可避免的。最后分析起来，蒙古的构想之所以终归失败了，便在于伊斯兰在信仰与种族之间挖掘了一道不可超越的鸿沟。原本已经危机重重的亚细亚，如今又添上一道宗教的裂痕。

7 世纪的兴亡变化还导致了其他的后果。在过去若干世纪中，东方与西方所形成的政治和商业的一切关系，现在一下子断绝了。伊斯兰帝国不论是非地仇视世界贸易，顽固地封闭边界，将政治地图变成一个各邦联合的镶嵌图案，便这样安处于欧罗巴与亚细亚之间了。沟通俄罗斯南部的乌拉－阿尔泰各游牧民族的天然桥梁，同时也断绝了。

在其后几个世纪中，东方中央王朝同上亚细亚的斗争续演不辍。来自北方的威胁像恶魔似的压迫着中央王朝。唯有使用挑唆、暗算、贿赂等精巧政策，中央王朝才能免于受到北方的侵袭。中央王朝的皇帝往往向其北方邻邦纳币，以求得边境的安宁。挑动某一部落以攻击其他部落的老办法，也始终是有效的。然而前提是中央王朝需要供给进攻部落军械与军费，且降格为游牧民族的联盟。这就造成了一种新的危机。“野蛮人”越来越多地到中央王朝来学习。他们甚至学到了汉人不希望他们学去的东西，同时，这个广大而富饶的国家的军事弱点也逐渐暴露于他们眼中。逐渐地，他们越来越不安于仅仅做中央王朝的座上宾，而是要做主人翁了。到最后，中央王朝分裂为两三个政府，各个皇帝都凭借游牧民族的援助而挑起斗争。事态的发展，恰如曾召日耳曼人来帮忙的旧罗马帝国所遭遇的一样，后来被请来援助的异族反客为主了。

不可避免的事情终于发生了。“野蛮人”染指皇冕，而任何人都无法阻止其坐于天子的宝座上。在 10 世纪，经常应召来援的满洲部落契丹，占领了中华帝国的北半壁。他们建立了辽国，统治的区域自满洲直到河南省南部。

这自然不是“野蛮人”第一次入主中原。但此前，只要经过了几代的时间，征服者就会被完全汉化，或陷于容易被扫除的疲弱程度。然而这一次，中原王朝却没有了喘息的余地，且只能南北政权共存。北方游牧民族各部落内部还发生了骚动，他们为逐鹿中原而不停内耗，不耐烦地等候着属于他们的时代降临。

在12世纪初期，南宋王朝召来东胡系女真人以抵抗契丹。但是，这等于“前门拒虎，后户进狼”。新同盟者固然赶走了契丹，但当契丹人的踪迹刚刚消匿于西北方的时候，女真人便占据了中国北部，建立了金国。南宋皇帝也无可奈何。

在11世纪与12世纪时期，上亚细亚的躁动越行越烈。整个种族正向南进发，虽然在这个时候，他们还没有明确的目标，也没有自觉地形成共同的利益诉求。各部落不断从原住地向外迁徙，不停地穿行于从青藏高原、帕米尔至日本海的广大区域。唐兀忒（党项族的一支——译者注）向东扩展到了黄河上游。曾建立辽国的契丹人，则出现在了伊斯兰帝国的边界，在锡尔河上，他们建立了一个新王国。在西戈壁滩，在耶稣教领袖的指导下，一个游牧民族的大国——“若望神甫”的王国建立了起来。这个国家的名望曾远播欧洲，且信仰了聂思脱里教派（即景教——编者注）。蒙古高原的北部空前活跃起来。上亚细亚的民众不断增加，并在边界上形成聚集。此时中央王国的边界防卫已经变得很薄弱。中央王国正趋于分崩离析，它的半壁山河都已被人占去。在旧亚细亚方面，做了阿拉伯奴隶的突厥佣兵曾建立过塞勒术克王朝，这个朝代在伊斯兰的舆图里成为了真正的主人翁，他们坐在苏丹的宝座上，对正式的宗主巴格达的哈里发发号施令。

各种条件都成熟了，只等候一个人物的降临，来重建匈族与突厥的伟业，重擎阿提拉的五条黑马尾的“苏鲁德”（北方游牧民族的战旗——译者注），以领导复兴的部族尽力走上那些伟大先人走过的路。

第三章
天造地设的神山

蒙古高原北部这个地方是产生乌拉-阿尔泰系民族新运动最理想的地点，因为它是上亚细亚的核心，也是乌拉-阿尔泰系种族的神圣故乡。这是一片崎岖而空旷的神秘土地，四面天然形成了如同铁甲的屏障：东西两面被积雪的兴安岭与阿尔泰山围护着，北面群山环绕，直至西伯利亚的冰原，南面则由戈壁沙漠构成了一个可怕的天堑。凭着得天独厚的地理优势，这里几乎未曾受到外来的干扰，因而保持了最纯净的游牧民族精神及其生活形态。这里对外封锁，周围神秘，神圣的群山矗立于库伦附近，斡难河和怯绿连河都发源于此，这两条河流后来因成吉思汗的头几次战役和集会而闻名。

在 12 世纪末年，北戈壁向上亚细亚一切游牧民族——凡有游牧民族血统、风俗甚至共同历史的——发出了集结号。蒙古高原北部这个地方是产生乌拉－阿尔泰系民族新运动最理想的地点，因为它是上亚细亚的核心，也是乌拉－阿尔泰系种族的神圣故乡。这是一片崎岖而空旷的神秘土地，四面天然形成了如同铁甲的屏障：东西两面被积雪的兴安岭与阿尔泰山围护着，北面群山环绕，直至西伯利亚的冰原，南面则由戈壁沙漠构成了一个可怕的天堑。

凭着这种得天独厚的地理优势，外蒙古几乎未曾受到外来的干扰，因而保持了最纯净的游牧民族精神及其生活形态。无论是中原地区的汉文化，或伊斯兰宗教文化，都不能在外蒙古发生太大的作用。这里对外封锁，周围神秘，神圣的群山矗立于库伦附近，斡难河和怯绿连河都发源于此，这两条河流后来因成吉思汗的头几次战役和集会而闻名。自由意识深入到这一区域的骨髓里，即便在 6 世纪处在突厥民族的统治下，这里也仍然能够保持着某种自主权。

至少在公元 1000 年内，蒙古上亚细亚牧地是足以养活大量蒙古人民的唯一区域。这个地方是典型的北方地域，人们并没有因为过于温和的气候及过于丰富的物产而变得颓废、不思进取。相反，在这一类区域，才生存着最强悍的种族。

外蒙古的生活条件是极度艰苦的，唯有像铁一般铸造的人类，才能抵抗这种生活环境的侵袭。这里不分昼夜地刮着暴风，任何海洋都无法用潮湿来调节这种狂风的酷烈。最恶劣的飓风来自北方，它卷入贝加尔湖的冰层，侵入山地的森林，绞断或打折松树、枫树的树梢，扫荡过茫茫无际的荒原和亚细亚腹地的沙漠，风势始终不会削减。

事实上，史前时代，蒙古曾是一片大海。戈壁里的咸水湖便是海的余迹。在第三纪地质时代末期，当原始人类出现的时候，大海干涸了，潮湿的土地与茂林使这里的气候变得温和起来。直至有史时代，亚细亚中部的气候条件都应比今日优良得多。但随着沙漠的不断扩张，这种优良性就被逐渐蚕食。像其他许多地方一样，惨剧在这里周而复始地上演：荒原侵吞了森林，而沙漠侵吞了荒原。强有力且令人越陷越深的沙面扩大，使得适合人类生存的面积不断缩小，对此，人们只能选择屈服和逃亡，或为尺寸的土地而战斗。

蒙古的居民不是农耕居民。他们对农耕民族用锄、铲、水道、水闸等制伏大自然的方法不以为然，他们宁愿屈服于沙砾。眼见其故土日渐狭小，他们便向外迁移，去寻找新的牧地。因此，他们成了地球上最能向外发展和最能作战的民族。土地所赋予他们的越啬吝，游牧民族越能努力向其他空间发展。

远离海洋实在是蒙古的不幸。河流经过短短的行程后，绝大部分就在荒原中干涸了，因为蒸发的力量是远比一年中的降雨量大得多。在北部，像贝加尔这样的大盆地可起到类似海洋的作用。但这里并不是物产最丰富的地方。贝加尔湖的面积同瑞士的面积一样大，长度几乎与亚得里亚海相等，但这个湖泊丝毫不同于欧洲的类似湖泊。它的四周被山峰环绕，山峰上终年积雪不消，一年中半年的时间里，它的水面都冻结得极其结实，俄国人有一次竟然能够在冰面上铺设一条铁道。湖里的暴风浓雾，渔人们视为畏途，人们甚至误认其为魔窟。

湖边的山岭也不是安全的地方。山谷里会藏匿着泉源和池泊，这里的水会发出一种浓烈的硫黄气味。不毛的高峰上遍布着不连接的岩石，堆叠成不整齐的棱椎形状。风吹到这些乱石堆里的时候，便产生一种雷击般的空响。有时，一堆石头崩塌，会压死人，洞穴里的群熊也被赶了出来。许多奇形怪状的岩石很像磨铁砧石的形态，散布在高原各处。当地人民管这种石头叫“成吉思汗的磨石”，因为他们说这个蒙古伟人曾亲自在那上面磨砺军队的箭镞和刀剑。

往南逐渐过渡，山脚下伸展着一片荒原，开始的一段还散布着树林和山冈，再往后去，则是潮湿而平坦的地面。树木不生，没有路径，四围无阻，一望无际，这片荒原因而常常引人流连忘返。黑色尖形的游牧人帐篷散布其上，有的独自孤立，有的集聚一处，成群的牛、羊、骆驼缓步吃草，成群的马疾驰而过。再向南去，丰饶的牧场变成了盐质的荒原，再过去，就是真正的沙漠，戈壁由此开始了。

沙漠在海拔 1000 米以上，有的路段是盐质沙漠。它像一条长带似的，从西南伸展到东北，切断了外蒙古与内蒙古，由此也切断了亚细亚北部与中国。前往北京的商队在库伦与张家口之间，需要走过这个可怖的地方，行程自然是异常艰苦的。途中，骆驼备受饥渴煎熬，戈壁沙漠里根本无从找到草料，而水也几乎全是碱质不能喝的，稀有的甜水源，也常常处于冻结状态。

在魔鬼般的蛊弄之下，这个鬼蜮地方能够困住行人达数星期之久，甚至最后葬身于此。蒙古各城堡里的白骨及其淹埋于沙中的残痕，都足以证明这里过去发生的惨剧。黑色的圆锥形山岭直冲云霄，它们的侧面像磨光的云母石似的闪耀着。大量闪着光的石头遮盖住深暗色的沙砾：那是玛瑙质暗色云石、白玉石、红玉石。这儿一块、那儿一块，在晒干的盐泊上闪耀着，形成白亮的一片。

在这片戈壁上，黄沙白雪旋天飞舞，寒冷的骤雨将地面变成盐水洼，人畜都可能淹没在那里。魑魅魍魉会作人声，昏夜里迷惑商旅，使他们迷途失道。人们因而彼此告诫要燃火走路，且须携带术士同行。

戈壁又是蒙古军队同中原王朝对抗的集中地。当蒙古骑士饥渴得半生不死，终于到达了沙漠南境时候，在他们贪婪的眼中出现了一个人间天堂，那里山青水绿，可爱而丰饶，有着取之不尽、用之不穷的宝藏。

蒙古的气候像它的地理环境一样的残酷。1月中的平均气温为零下30度，这与格陵兰的等温线相同。而到了7月，平均温度会达到25~30度，又与非洲的情形相仿。那里四季的气候就是这样大相径庭。

蒙古夏天酷热而干燥，还时常下起骇人的暴雨，虽然雨水并不多，却裹挟着能刮起沙的飓风。在这种时候，沙土能穿透一切衣服，钻入人的皮肤毛孔里，使得每一次的呼吸都成为一件苦事。而且好几个小时不见天日，白昼变成了昏夜，方向也无从辨别了。

秋季从8月份开始。降过夜霜与寒冷的骤雨，短促但尚可忍受的秋季过去后，西伯利亚可怖的严冬便来到了。

冬天里，空气就像刀一样，既寒冷又干燥，割在人的脸上使人皮肤龟裂。可怖的暴风雪停了，继而是酷烈的暴风沙。仅仅几分钟之间，凡是超出地面的高地、人、畜，都已披上了一层凝冰。途中行人在五步之外就看不见东西，而且还得冒着被暴风雪窒塞的巨大危险，事实上这种危险从古至今时有发生。所以，在西伯利亚各城市里，到了冬季，逐家逐户都结着一条绳，以预备在起暴风的时候人们可以拉着绳子向前走。即便如此，还时常有人在离自己家不过几尺的地方到不了家而死在了家旁。游牧人说："在这种暴风里马会变疯。"因而他们将这种暴风唤作"马昏风"，同时也唤作"黑风"。

对于不是这里土生土长的人来说，这个地方简直是地狱。它只有一个让人愉快的季节——春天，但却又那样地短促。到了春天，太阳光射出来，气候和煦，暴风停止了，泉水解冻而重新流淌于林中，整个荒原变成了一个五光十色的花海。“开花的草地”是游牧民族语言中的最美丽的字眼——尽管他们的语言中少有可以入时的表情语。凡是可爱的东西，都被他们唤作“开花的草地”，比如他们的英雄、他们的良马、他们的身穿华服的少女。春天草原上的花卉，同时也是上亚细亚一切毛毯生产的永不磨灭的图案。一年的年份从草地开花的时候开始（很多原始民族并不以日月来计算时日，仅根据春天来计算。——原注）人们说自己的岁数时，就会说：“从我出生以来，草地曾开花 ×× 度了。”因为，在他们可怜的人生中，每年的花开是唯一的重要事件。当草地开花的时候，各处帐幕都向太阳大大地敞开着，母牛生子，马则恢复雄姿。在开花的草地上，各部落又出发了，他们或上山放牧，或开始新的征战。

帐幕和马背便是游牧人的故乡所在，蒙古有句俗谚：“人生于帐下，死于马上。”这种毡制的帐幕，名为“蒙古包”，黑色，六角形，用木架支撑，可在半小时之内完成拆卸，然后装进牛车里运走。蒙古包里的家具都很简单：几张皮套的木凳、一个贮藏几件有价值的东西和女人宴会华服的木箱、几尊神像，以及烹饪用具。

牲畜是游牧人唯一的财富，他们借以维持生存。牲畜的皮毛用来做衣服、被毯及建造蒙古包的材料；皮用来制造铠甲、盾、鞋、餐具；骨和筋则用来制造种种器具，包括军械；兽粪是最好的燃料，因为在荒原里，柴是很昂贵的。他们的食物也几乎全部来自于动物。蒙古人常说："草是供给牲畜的，牲畜是供给人的。"兽肉数量的供给是不成问题的。他们也吃有病的或甚至腐坏了的牲畜，甚至吃狗、猫、老鼠。不管是生的或熟的，是晒干的或煮的，只要是兽肉，他们都可以食用！他们用手吃东西，用刀在口边切肉。他们将满是油渍的手揩在靴子上，从而使靴子老是发着亮光。

蒙古各民族将牛奶酪煮后，在太阳下晒干，制成了一种坚硬而可久存的食品——有点儿像欧洲的牛酪饼。在旅行中，他们携带着这种干粮，将它溶化在水或茶里面，就可以迅速地变成一种滋养的食料。酸马奶可制成一种名为"库蜜斯"的醉人的东西。少量的黍和野蒜，几乎是他们唯一的蔬菜。

皮衣是蒙古人贴身穿着的，按照季节或正穿，或反穿。冬季，他们往往套着两件皮衣。妇女的衣服几乎完全同男人的一样。毡制的帽子很高，呈三角形，用一条打结的布作帽绳系在颌下。笨重的皮靴前头是尖的，走长路很不方便，但在骑马的时候，它则有绝好的效用。

一切蒙古人，不分男女老幼，都在马鞍上生活。在这个产马的地方，即使是最穷苦的人，也不会步行出门。这里马的数量之多与品质之优良，是蒙古人所最引以为傲的。王公们往往拥有十万匹以上的马群，他们要使其毛色统一。普通的马身段很小，看似不起眼，但却有着极强的抵抗力，它们背脊丰厚，习于一切困苦。在游牧民族的神话和故事里，马的地位与人一样重要。

在蒙古族，战争和狩猎是男人的事。狩猎是战争的准备，并可代替战争。狩猎活动会召集各部落一起参加，就像出发作战一样。若有一人不能随众出发去杀敌或杀兽，他定是正懒昏昏地踯躅在蒙古包里，沉醉于“库蜜斯”——如果他有量，也可能会沉醉于烧酒。

牲畜是蒙古的货币本位。按照物品的用处大小，可用一匹马，或一头骆驼，或一头小牛来交换。人的价值也以其用处大小为标准来衡量。如果在战争中，掳来的人多过于牲畜，则无用的人便会被屠杀掉。其余的人中，妇女及工匠则像一群牲畜似的，被赶在前面走。在这个民族的道德观中，淡泊主义与功利主义处于颠倒地位，他们首先崇尚的是功利主义。蒙古人的质朴是自然的质朴。在他们看来，凡是有利的都是好的，凡是有害的都是坏的。他们也想从生存斗争的残酷定律里建立起一种伦理来，却发现没有比质朴的伦理更好的了。对朋友的忠诚是必需的和理应遵守的，对敌人的狡诈也是同样必需的，对敌人，哪怕最神圣的誓约也没有必要遵守。等一个强大的人物出现了，引领众人向某个唯一的目标前进时，这种特性便可使这个民族战胜一切敌人。社会联系和社会约束，只有在共同行动上明显地呈现出获益性，才能得到他们的承认。某种并不实际需要的行为或一尊神像，会在蒙古人的内心和实际生活中起到重要作用。

因而，在这种情形下，他们不会有什么非常的行为。他们的性格乃是游牧生活所要求和必需的。一个原始的社会，需要原始的人和一种原始的道德观。到后来，等他们钻进了文明的复杂迷宫而且加入其中后，他们的理想和道德观都发生了变化。他们变成善良、软弱、敬神、诚实的人了，他们将理想混作了实际，将格言混作了本能，将天混作了地。他们那种天真的本性，事实上不能一跳便跳过几千年。遽然的跳跃因此使他们失掉了原本的生活方式，而从最强的一下变成最弱的了。在战场上，他们压倒了其他一切民族，然而，一到了他们同最文明的民族并坐赌输赢的时候，未开赌他们便已经处在下风了，因为他们根本就不得其法。的确，要遵守那些方法，同时又要不失其眼下的优势，那就得具有文明人的一切败德和虚伪之处。但蒙古人真便是真，假便是假。亦真亦假，思天顾地，以牺牲做赌注，这种技术，他们还不能在短期内学到。

蒙古人用了几十年的时间跳过了半原始的幼稚时代与尽美尽善的亚细亚文化彼此隔离的阶段。这种迁徙及其达到的结果，正反映了世界文化进步的历程。

同大自然发生那么紧密关系的蒙古人不懂得宗教的运用。他们认为来生不过是今世的继续。所以，他们给往生者供奉食物、装了鞍的马匹、日用器具的仿造品，甚至让死者的妻子殉葬，并将这些都埋于地下。他们心中有一尊看不见的神圣至尊，但他们只向他请求平安与长生。家神是供他们来求日常生活中的各种琐事的，这些家神会随着嫁娶而被带入新的家庭，保证子孙繁衍。每顿饭中，他们也有份，人们会将食物抹在他们的嘴上。

家庭是蒙古族社会结构里的基本组织单位。一个家庭往往是在父亲的支配下，共同生活在帐篷里。王公们计算他们臣民的数目，不是根据人头，而是根据帐篷。各个帐幕聚合起来而构成了部落集团。妇女们担任着照顾家庭和养殖牲畜的任务，她们的地位是相对崇高并受人尊重的。这里盛行多妻制，但是在产业与继承方面，第一位妻子则居于第一列，她的儿子也享受同样的权利。在父亲死后，儿子们可娶自己的生母之外的、父亲的其他妻子为妻。这一奇特的现象体现出蒙古人那种大家庭的集体意识。同样，兄弟可娶寡嫂寡娣为妻。蒙古人的性道德达到了很高的水准，自己部落中的妇人及少女是不可侵犯的。反之，敌人的妻女则必须成为威服的对象。

部落的首领，即继承大统的王公，号为“汗”，但是他们得对人民负责。汗往往会因为他们不能供给臣下充分的物质利益，而被驱逐或杀死。君主国会约束部落内众多贵族之间搞对立，也会约束他们的旁系血统——因为蒙古人中最富有者会拥有最多的儿子——并防止这些旁系血统私自篡更政权。蒙古人并不像中原王朝那样信奉“天眷”或“皇统”。他们对国家像对个人一样，奉行的原则是：以妥善的行为效益来取得支配权。

有关蒙古的源流，蒙古各部落自述如下：

约在成吉思汗之前两千年，经过了一次残酷的战争后，民众几乎全被歼灭了。只剩下一男一女，他们逃到一个人迹罕至的山谷里。那里群山环抱，山峰高耸如天，犹如世外桃源。他们在那里避难，且生了许多子女。经过很多个世纪后，他们的子孙繁衍不息，最终形成了一个新的部落。由于人口增加，山谷变得日益狭窄，终于不够养那么多人了，牲畜也开始缺乏牧场。于是，这个部落的人们决定回到他们祖先生活过的荒原。

但是，他们找不到先人逃难至此的踪迹，不管怎样多方探索，都徒劳无功。逐渐地，狭窄的山谷变成了一座牢狱，人畜都将濒于绝境。

有一天，人们发觉，围绕他们的高山里层都是铁。于是，他们砍伐了山谷里的森林，将木头堆在岩石旁边。他们点燃了这个木堆，并用风箱来煽动火势。火光冲到云霄，继而产生了一股很大的热气，竟使整座山变得通红通红的。他们不停地搬木头来，拉动风箱煽火。山上的铁终于熔化了。熔解的铁不断地向外流出，岩壁裂开了，倾注于荒原里。人们便从裂口里闯了出来。跟着熔解的铁，他们越过了高山，恢复了自由，驰骋于漠北高原上，逐渐成了那里的主人。

这是一个骁勇善战的民族，他们用这种方式描绘自己的历史。可是，这个传说尽管在寓意上是无与伦比的，而究其实，却无非是历史事件的偶像化、诗体化而已。这个“锻铁者的民族”（事实上，上亚细亚的一切突厥系各民族都自命是这个民族的后人——原注）的传说，其实与初期史中所发生的大事变有关系。

在匈奴大国还未建立之前，乌拉－阿尔泰种族与另一个种族，或许就是向东方挺进的印度雅利安种族之间，在中央亚细亚曾发生过若干次重大的冲突。那些来自西方的种族曾将蒙古人的先辈赶到了丛山里。但是同时，他们也带来了一项重要的技术：采铁技术。他们的军器即是用这种更坚利的新金属制成的，所以起初他们打败了各游牧民族，乌拉－阿尔泰系各族因此被压碎了，后者的残余则逃往深山穷谷。后来，这些战败的部族也学会了采掘铁矿与冶铁的本领，于是能再同包围他们的敌人战斗了。

在东亚细亚，冶铁技术的出现，像在其他各地一样，使这里的生产关系发生了重大的变化。山岩熔解的传说便是这个变化的象征。铁在乌拉－阿尔泰系民族的历史中所占的重要地位，可从游牧民族对这个金属物的宗教崇拜里体现出来。匈奴人确实崇拜这个东西，因而成吉思汗，也像在他之前的突厥大帝国的可汗一样，被崇奉为“民族的锻铁者”。在蒙古，这个名词的意义远远超过我们欧洲人所理解的范围。

在12世纪，冶铁术在蒙古几乎陷于完全停滞的状态。铁非常稀少，只有王公们方才可以用铁作马镫。铁的存量连应付制作枪箭尖锋都不够。中原统治者严禁将铁输往蒙古——

他们很明白其中的理由。直到中原使用铁辅币后，蒙古才以走私的方法运入了大量的铁。但这依旧满足不了需要。同时，因伊斯兰各国的政治混乱使商业陷于萎顿，导致西亚细亚兵器，特别是被高度重视的大马士革利刃的输入，几乎完全陷于停滞。游牧人民将用什么代价来取得这种贵重的商品呢？

从过去被开采的无数遗迹中，我们可以看出，阿尔泰山各山脉及贝加尔湖区域确实蕴藏着丰富的矿脉。然而，在12世纪中叶，开采停顿了。因为在那时候，在戈壁与贝加尔湖之间出现了骇人的无政府状态，各游牧民族分散为无数的部落，彼此不断地争斗，生活水平和文化水准都大大降低了。

这是各游牧部落的一个痛苦时期。蒙古的四面八方被强邻包围，这些相邻部落或国家极力守护各自的疆界，以抗御饥饿的草原各部落。大金帝国包围了蒙古的东面和南面。大金帝国本身就由游牧出身的民族统治着，并拥有一支强大的军队，对于任何侵犯其边界的企图，这支军队都以残忍的手段予以惩创。在蒙古的西南面，唐兀惕人建立了汉藏杂居的西夏国。而蒙古的西面则是契丹，他们退出中原以后，建立了以游牧民族为主体的西辽国，其势力范围从阿尔泰山达到锡尔河，与许多伊斯兰国家接壤。

蒙古各部落的力量远不及这一切的敌人，而且各部落还仍处于涣散的状态中。客观条件决定了他们几乎不可能团结行动。草地不够分配，在境外又毫无获得粮食的办法，这时候，他们怎能不自相争夺呢？这些游牧民族为现实所迫，不断地自相残杀。他们必须向外迁徙。但想要向外拓展生存空间，他们就必须打仗。我们也可以说他们是因为打仗而移动的，因为打仗是他们的常态和生活的意义。战争表现着那些游牧民族的通常经济形态，他们视和平为一种恐慌的状态。所以在乌拉－阿尔泰系的某些种游牧部落的语言中，“迁徙”和“刀砍”用的是同样的术语。

所有蒙古各部族的梦想，就是在取得良好报酬的情况下，替汉地两个皇帝之中的一个，或金，或宋，从军打仗。各部落的王公无力驾驭饥饿的游牧民众，也投靠需要他们的一方。然而，中央王朝对于援兵的需要并不是无限制的，而且吸取最近数世纪的教训，宁可不要这些野蛮人来当座上宾了。

于是，游牧民族就只能在自己的地盘上战争了。这既是一种悲惨的战争，也是一种悲惨的生活。为了几亩青草地，或一条泉源、一对母牛、一块珍贵的丝绸，甚至简简单单地只因为游手好闲、无所事事，或不愿任兵器完全长锈，人们便打破了头颅。

所以，在12世纪中叶，当成吉思汗这个后来打开监狱门户的游牧民族领导者诞生的时候，当时的蒙古高原上，曾驰骋着许许多多的游牧部落。唯有在南部，存在着一个游牧部落的大联盟，它统治了从阿尔泰山东面直到戈壁的荒原。这个大联盟的领袖是克烈部可汗。他的盛名曾远播欧洲，以“若望神甫”的名字为欧洲人所认识。他或许同其游牧部落皈依了聂思脱里派的基督教。这支教派在前几世纪因为发生分裂而与罗马教廷脱离，遭到了罗马的驱逐，并被摒于教外，于是改向东方发展。在中央亚细亚与东亚，聂思脱里派拥有为数众多的教徒，单在中国，它就拥有了1000座以上的教堂。不过，随着时间的推移，它的基督教义发生了奇异的变化。

突厥系的乃蛮部和畏吾儿部都位于克烈部之西，他们此时已经称臣于西辽的契丹。畏吾儿部是文化相对发达的民族，他们以其都城别失八里与塔里木河的上游盆地，掌控着通达西方的贸易专利。

此时蒙古高原的东北部已经陷入严重的混乱状态。蔑儿乞惕部居于贝加尔湖，再往北去是乞儿吉思部。在东端，兴安岭的斜坡及现今中国黑龙江流域附近，还有塔塔儿部。小部落“蒙兀儿”的故土，就在蔑儿乞惕部和塔塔儿部之间。他们的势力中心点大概位于现代库伦城附近。周围的山岭，及斡难河和怯绿连河河源的区域，是蒙古民族一切部落的发祥地。

成吉思汗便诞生于这些神圣的山中。

第四章 可汗之战及世界征服计划

在年轻的铁木真身上，呈现出一种惊人的本色。他相貌奇伟，引人注目。他天庭饱满，眼睛虽然没有其他蒙古人那么大，但炯炯有神；头发泛着红光，肤色淡白，时刻引人注目。他的体格及力气远在常人之上。他的身上还流露出让人无法忽视的天然华贵。让大家十分敬佩和感动的是，即使在最危险与最屈辱的境遇中，他也能镇定自若。不要以为以这种种的特质，年轻的成吉思汗就过上了高级王子的生活。他所从事的斗争还毫无伟大和浪漫可言。实际上，他和他的伙伴们那时还过着漂泊不定的生活……

1175 年，蒙古一个小部落的头领也速该，撇下他的妻子和几个未成年的孩子，去世了。他的儿子铁木真在失去父亲的时候，年仅 13 岁。这个 13 岁的孩子就是后来享誉世界的成吉思汗。

不论是在现今的我们还是在当时的中国人看来，也速该充其量不过是一个毫无名望的部落首领。然而，在蒙古，在他的同伴当中，他却享有某种盛名并握有一定势力。他们是蒙古最古老的一个王公家族的支脉，只是这个家族后来没落了。而他的祖先们，曾自命是著名的“苍狼”的后人，在游牧部落的历史中，他们曾在戈壁北部扮演过重要的角色。

关于蒙古帝国灵异不凡的来历，有一篇古老的传说叙述如下：

也速该的祖先离家出征两年后，有一天回到家里，发觉他的妻子居然怀着孕。在他怀疑妻子明显的不贞行为之下，他的妻子便述说了下面这段动人的往事：

“有一天夜里，我正躺在帐中还未睡着，忽然一道光芒从天窗射了进来——这必然是一颗星星发出来的光芒。它化成了一个黄发碧眼的少年，连续几次摸触我的双乳。从那时起，我便发现自己怀孕了。”

这就是关于蒙古皇室神秘来历的叙述。这类叙述不断地出现在亚细亚各皇朝的许多神话与传说里，《圣经》里也可找到它的踪迹。

对于出自这样一类特殊血统的英雄世系，人们能不感到惊异吗？因此，也速该的祖父便被蒙古人尊奉为民族英雄。在各蒙古包里，各帐篷的篝火边，大家傲然自得地讲述着这位大可汗的历史，他是那么勇敢，竟敢拉了至尊至大的金朝皇帝的胡须而不受惩罚。

事实上，这一英雄举动的实际经过是这样的：如同他那个时代的蒙古王公一样，也速该的祖父也不过为维持生计而不得不靠替外族效劳来赚钱。接受了报酬，他就率其部众为金朝皇帝打仗。打了胜仗后，金朝朝廷在中都举行了一次盛大的庆功宴。在这次宴会上，也速该的祖父不但饱吃了一顿，而且狂醉无度。他在这种状态下，在满朝惊骇中，竟然上前捋了皇帝的胡须。皇帝宽怀大度，并没有对这种冒犯举动引以为意。由此，这个蒙古人满载赐品和盛名而归，而其惊人的行为被他加以利用，便大大地增加了他在游牧民族中的威望。

他的孙子也速该，即成吉思汗之父，也因替金国皇帝出力而获益颇丰。他懂得设法应付各强邻，并一度集合两万人于其麾下。这个游牧民族的部落首领还能够让戈壁的强主克烈部可汗与其歃血为盟，他们刺血流入杯中，和上酒，庄严地一饮而尽。

总之，也速该曾尽力改善其家族及其部落的境遇。然而，他的早死使得他生前的一切努力化为泡影，他所建立的良好政治基业立即崩坏了。对想要侵夺他们珍贵牧地的强悍邻人，蒙古人历来难以抗拒。也速该的沦为寡妇的妻子及其诸幼儿，对他们的强邻能奈何呢？在族人看来，利有轻重，当对故主的忠心不能有利益的回报的时候，他们便没有忠心了。也速该死了，他的部众逃走的逃走，脱离的脱离，而依附于另一支较为强大的旁系。同时，他们还带走了也速该的牲畜。

诃额仑（元史称宣懿皇后，即铁木真的生母——编者注），这个寡妇，现在完全处于绝望的境地了。失去了牲畜，她和几个孩子便陷于饥馁之中；失去了武装，她便面临着荒原中的一切危险。然而，诃额仑是一个勇敢的女子。她没有丝毫踟蹰，跨上也速该的战马——那是部众留给她的唯一的东西，追逐逃走的族人。她痛斥他们，痛哭，哀求，追诉她丈夫的功绩，唤起了男人们应有的光明正大的精神。结果，有一些人受了感动，带着一部分牲畜回来了。

最可怕的危险终于解除了。现在他们总有吃的东西了，总可防御荒原的无赖了。可是，守护几个孩子生命的希望变得越来越捉摸不定。敌人们清楚地知道：也速该的儿子在世一日，就一日不会放弃其做本部首领的合法要求。他会与他们势不两立的。于是，追索小铁木真的残酷行动开始了。

可见，在那个时候，这个年轻人就已经处在各方利益的中心，且不得不去习于拼命地斗争。他越来越深刻地认识到自身的价值。强者历来不也是怕更强者吗？他的血统天生不就赋予了他一种非常的命运吗？他的母亲曾对他讲过，他诞生时手里握着一块凝血。他还想到那个苍狼，想到他祖先始母的不凡怀胎，想到他曾祖父及他父亲的伟业，所以他才总是处于致命的危险中。想到这些，在这个小孩子的心中就逐渐萌生了广大恢宏的理想。

不久后，他不想再被动地迎战了，而是要主动地出击。最终，他取得了小部落的领导权，更确切地说，人们都屈服于这个孩子的意志之下。诃额仑以其母亲的直觉，认识到长子惊人的天分。他的诸兄弟想要看到哥哥天才的明证，结果他们也感觉到铁木真体力比他们优越。不久后，他在部落的青年中找到乐意为他效死的朋友。他们像心地光明的青年服从天生的豪杰一样，无条件地服从于他。

在年轻的铁木真身上，呈现出一种惊人的本色。他相貌奇伟，引人注目。他天庭饱满，眼睛虽然没有其他蒙古人那么大，但炯炯有神；头发泛着红光，肤色淡白，时刻引人注目。他的体格及力气远在常人之上。他身上还流露出让人无法忽视的天然华贵。让大家十分敬佩和感动的是，即使在最危险与最屈辱的境遇中，他也能镇定自若。

不要以为以这种种的特质，在这个时期的成吉思汗就过上了高级王子的生活。他所从事的斗争还毫无伟大和浪漫可言。实际上，他和他的伙伴们那时还过着漂泊不定的生活。

有一天，他小小的部落中所有的马，尽管总共还不到十匹，都被人偷走了。留在铁木真手里的，只有一匹老矮马。而在追贼的途中，这匹马很快就倒地死了。现在，这个蒙古王子只能两条腿跑路了！而在这个地方，讨饭的都有马骑呢！可见他的境遇不能再糟糕了。幸好，铁木真遇到了一个与他年龄相仿的青年。他教这个青年从他父亲的牧场里悄悄地偷了两匹马出来，两个人一道去追贼。他们成功了。铁木真不但找回了他的马，这个少年也成了他终生不离的一个同伴（此人名孛斡儿出，纳忽伯颜之子——原注）。

又有一次，铁木真落在了他的死敌手里。他被人用一个重木枷架在他的脖子上拖着走，这是蒙古惩罚对手的一种老办法。但是，铁木真极力奋击看守他的人，以脖子上的木枷打破了看守人的脑袋。他逃走后跳入一个湖泊里，因为那个重木枷妨碍他泅水，他差点儿被淹死。所幸被人所救，藏身于草车里。追兵怀疑铁木真藏在车上，其中一个士兵持枪刺入车上的草里，但铁木真却奇迹般地安全脱险了。

17 岁那年，铁木真结婚了。那个少女名叫孛儿帖，他们的婚姻是铁木真的父亲也速该在世时，家族还在全盛时代时定下来的。而后几年中，铁木真变成了穷小子，他的生命甚至还比不上一条羊尾巴。然而，作为近邻一个大部落酋长的孛儿帖的父亲仍然坚守了约定。他这样做不仅是因为他答应了也速该，更因为他看重小铁木真的身份和他显露出来的锋芒。

不久以后，厄运降临在这对年轻夫妇身上。他们婚后不久，有一次，当铁木真外出的时候，孛儿帖突然被蔑儿乞惕部掳去了。等铁木真回来时，自己的蒙古包已经空空如也。他心里明白，当一个少妇落在敌人手里后，那将会遭受什么样的境遇。

铁木真明白自己的实力，他顽强地忍耐着。一等到他具备了能力，便立即出发进攻蔑儿乞惕部，把他的年轻妻子从敌人手里抢了回来。

孛儿帖被救回之后，铁木真发觉妻子怀孕了。(也速该曾夺了赤列都的妻子诃额仑，蔑儿乞惕部为报这一旧怨，率众袭击铁木真，夺了孛儿帖，配与赤列都之弟为妻。——编者注）她在归来的途中，于不毛的荒原上生下了一个孩子。铁木真始终不知这个小孩，也就是他的第一个儿子，到底是蒙古帝国的合法储君呢，还是蔑儿乞惕部的一个私生子。前者与后者，同样都是可能的。在这个问题上，孛儿帖本人有口难言。这个孩子被命名为术赤，即“意外生的”之意。他的父亲默认这个儿子。然而，关于他来历不明的谣言，后来始终不曾销声匿迹。这便是成吉思汗宗系惨剧的开始，其结果于日后产生了影响世界的巨大力量。

同孛儿帖的宗族联姻，这对铁木真及其族人来说，意义是十分巨大的。从这时开始，铁木真可以放手去做自己想做的事了。因为孛儿帖家族的强大，铁木真及其伙伴们的生命在相当程度上能够得到保护。他于是反攻为守，逐步去实现自己的目标，开始为未来的统治打下基础。

他的母亲，聪慧的诃额仑，再嫁给了一个萨满大教主，这对于他们后来的发展也是至关重要的。无疑，为国家大计，铁木真进行了一系列的联姻。他的继父被人视为有威权的卫士和天神的心腹。不久后，继父的名望就使得这个新生的部落联盟有了一种宗教的根基。那时已经明了自己未来目标的铁木真，首先要做的就是统一思想，使他的政策具有一种正统的源流。在其统一各部落的斗争中，除了必需的武力外，传说和神话都成为其统治的武器。

他对所征服的蒙古各部落都采取宽容政策，尽量地将他们吸纳到本部中来。但对他本部的背叛者，即在他父亲死后不顾羞耻背叛他母亲的人们，他则将他们放在大镬里烹至断气为止。除此之外，铁木真还尽力使内战后的疮痍迅速恢复生机。就这样，这个蒙古年轻王子身上产生了一种磁力的作用。他的英雄行为和他的神秘来历传说，迅速地在游踪无定的牧人口中广为传播。某种非寻常事件即将降临的寓言弥漫在整个荒原，所有的游牧人民都受到了震动，人们开始怀念当初在匈奴与突厥人领导下的民族统一的时代。

铁木真是很有智慧的。直到此时，他仍尽量避免求援于当初同他父亲订立过盟约的克烈部可汗。他不愿意以其弱者的身份向强者求助；如若求助于强者，势必妨害他独立与自由行动的地位。他宁愿忍受种种困难，不结外援而与势力比他雄厚的敌人作斗争。

在他征战的最初二十年中，他几乎每天都在不间断地作战，以求维护住自身的统治地域。历时数世纪的无政府状态造就了各部落人民极其残忍的性格，各部落变成了一盘散沙。在无数贵族的家族领导之下，部落之间彼此互相猜忌或互相敌视。这些年中，铁木真以高超的战术、坚强的毅力和伟大的精神而进行的战斗，统一各部落，其难度之大与性质之重要，丝毫不逊色于其后他征服世界的任何战斗。

铁木真总是站在阵地的最前线，因而时常在间不容发之间保全生命。有一天，他的脖子上中了一箭，几乎要因流血过多而死去。幸而他的战友将雪撒在他烧得滚烫的脖子上，用这个原始的止血办法救了他的性命。但是，这个年轻的国王仍然仿佛无知觉般地躺在雪地里，他得了痉挛症，却又不能够被送回去。他的忠实同伴们因此在整个冰冷的长夜中守护在他身边，撑起个人的长袍遮掩着他，以防止暴风的侵袭。后来，他们都得到了应有的回报，成为世界大汗的勋臣。

1189 年，铁木真被东蒙古各部落拥为可汗。但他还没有足够的力量走进更大的政治舞台。

5 年后，伟大的时刻终于到来了。北中国的金朝与阿尔泰山及贝加尔湖的几个部落之间发生了纠纷。金朝至少在名义上对蒙古地区行使着一种宗主权。因而铁木真立即决定站在金朝方面，并从金朝获取了金钱与军器。战争顺利结束后，他便从北京方面得到了封号及大批的赏赐。

这一次，铁木真成功地向前跨进了一大步，成为到处受爱戴的人，各部落争相与之缔结盟约。当克烈部老可汗王罕因部落内部叛乱而陷入危机的时候，铁木真抓住这个机会，建议同他结盟。这个时候，他们站在同等的地位。

王罕以感恩的心情接受了铁木真的建议，也速该当年上演过的歃血为盟的隆重仪式，于 1195 年再度举行。这次结盟极大地壮大了铁木真的力量。经过数次征伐，这两个盟友制服了蒙古大部分的部落。当然，铁木真在这个过程中扮演了最积极的角色。他鼓动老可汗加入军事行动，并使之为他本人的利益效劳。他获得了克烈部这位酋长的完全信赖，后来这位酋长竟有了以这个年轻的蒙古人为继子的意愿，并将他当作继承人来看待。这不免引起了老可汗亲生儿子的猜忌，因为他感觉到了一种潜在的威胁。

后来，克烈汗在其子的鼓动下，不肯付予铁木真所应得的那部分战利品。这是两个盟友之间第一次出现裂痕。但是，因为铁木真还需要克烈部的帮助，他最终没有去计较这件事。虽然他们的联盟常常受到撼动，但还是坚持了 8 年之久。铁木真善加利用这 8 年的光阴，以巩固他的权力；同时，在克烈部中，他结识了许许多多愿意追随他的朋友。在 1202 年，当克烈汗出现了新的不忠于联盟的行为后，铁木真听任这个盟友中断友谊，同时，他又以巧计使克烈汗在万目睽睽之下犯了错谬。

待他整军经武之后，便给他歃血为盟的盟友寄出了以下动人的文字：

“你忘记了吗？”铁木真写道，“正像我父亲救你脱离大险一样，我本人也及时来援助你。当你投奔到我的地方时，你是那么瘦弱，而我则使你又强壮了起来。从你身上的破布透视你消瘦的身体，正像从云中透视太阳一样，我便把衣服给了你。你重新再做我的父亲吧，让我再做你的儿子。”

然而，从很久以前，这个旧交谊已经从铁木真心中一笔勾掉了。克烈汗被这些动人的话语所感动，在最后一刹那，为了呈上友谊的见证，他刺出自己身上的几滴血滴在马乳里，送与铁木真。与此同时，铁木真已调动全部兵力向他发动战争了。老可汗被打败了，死于逃亡的途中。克烈部的主力竖起降旗归顺了铁木真。

铁木真领导的部落联盟汹涌澎湃地发展着，这引起了那些小部落首领的忧虑和慌乱。他们组织了一个反铁木真联盟，位于西戈壁的强大乃蛮部也加入其中。但被铁木真先发制人，他们还没来得及厉兵秣马，就已被打败了。

从也速该去世之日算起，三十年已经过去了。在铁木真的努力下，那个曾经的小部落现在成了四方的盟主，整个蒙古高原几乎全部归顺于他的旗下，他的部落联盟一变而成为了大强国。但要保障这个大强国的生存，还必须做到两件事：首先，这个新强国应建立一种强大的国家组织，并凭借国家组织的力量使得这个新强国合法化，这无非是要使离心力和无政府的倾向失去其存在的现实基础；其次，应为这些心性不定而又嗜好征战的联盟部落制订一个新的目标，也就是说以对外征服来维持和巩固内部的和平。

鉴于此，铁木真于1206年秋季召集了一次部落大会。这次号称“忽里儿台大会”的举行地点在蒙古人的发源地——斡难河。成吉思汗家族神圣来源的传说，此时明显地显现出作用了。铁木真的继父蒙力克萨满及其同为萨满的儿子阔阔出也在大会中发挥了举足轻重的作用。他们向集合于当地的部落民众宣达了长生天的一个重要敕命：铁木真显然受了上天的眷佑，他应统率一切的骑士部落。他已经打败了许多可汗，应拥有成吉思汗的尊号，即“万汗之汗”。

这个动人的首幕后，铁木真自己说话了，他说：“如果最高大会确实愿意推我为成吉思汗，为表示对大家归顺的感激，我将授予心悦诚服结盟的各部落以‘蒙古人’这个称号。”他接着说道，“蒙古人像水晶那样结实、纯净、明亮，我将率领他们走向统治世界的道路。”这次大会非常成功，连权利平等的同盟者都为之鼓掌欢腾。“成吉思汗”从此诞生了！

这位有了新称号的受尊崇的大汗终于可以实现自己的愿望和理想了。他将所有的杂色部落都冠之以一个部落的名字，蒙古人，一个新的民族出现了。这样，各部落都成为普通的家族集团，他们的旧名号仅以传统的称呼关系而存在着，失去了实际的意义。在过去数世纪的流血斗争中，种族间曾经完全丧失了其统一的心志。现在，以统一的“蒙古人”的身份，成吉思汗可以重提统治世界的构想了。征服世界不仅是新联盟的目标，而且是其唯一的意义。在斡难河大会上，成吉思汗已将这个意义明白宣布了。乌拉－阿尔泰系种族曾以匈奴人与突厥人的名号创造过一段世界历史，以那段历史为借鉴，成吉思汗制订了对内和对外纲领。在计划征服世界的大行动之前，新国家在和林建都，那里曾是旧匈奴帝国的中心。

关于1206年发生的大事，在蒙古流传着这样一个传说：在斡难河大会召开的前几天，有一只鸟天天栖在铁木真帐篷前的一块圆石上。它不停地鸣叫："成吉思，成吉思，成吉思！"到了第三天，石头裂开，中间现出一块蒙古帝国的宝印，印呈龟的形状。但事实上，匈奴人和旧突厥人早就使用过龟形的宝印了。

成吉思汗对新的敌人做了一个通盘计划。如今，国家内部稳定了，他似乎理当对外展示其强大的力量。蒙古帝国与亚细亚好几个大强国接壤。它们个个跟它相当，甚至比它更强。这一时期，成吉思汗又相继吞并了无数的小部落和无主的残余部落，他的组织渐渐地填满了在政治上自由的蒙古高原。如今，他要与那些强大的国家决一雌雄了。

在蒙古帝国的西部是西辽，这也是一个由游牧部落组成的国家，它的构造与成吉思汗的帝国类似，是由被金国赶出中国北部的契丹所建立的。起初，成吉思汗不甚注意这个西辽国，因为从帕米尔和天山那些山地里，他看不到有什么对蒙古人有用的东西。

在蒙古的南面，即戈壁沙漠之外，是金国。金国的满洲各省对蒙古形成环绕之势，直至蒙古东北面。那时，成吉思汗在名义上还是金国的臣属，他觉得与这个比他强大得多的敌人接触，现在还不是时候。

处于蒙古的西南面的，是一个很特别的国家：西夏国。这个国家在很久以前就已经脱离中原王朝，建立于黄河河套的西面。它的疆域除其他省份外，还包括着山西省，并一直延伸至青藏高原脚下。西夏国受藏传佛教的影响比较大。西夏各地的人民——唐兀忒人，基本都信仰佛教。然而，他们却最以劫掠出名。因其经常有组织地劫掠近邻各地而成为近邻的困扰。

成吉思汗首先锁定这个国家作为进攻目标。他以替金国出力为名，以金国皇帝的陪臣身份向西夏进兵。这样做能起到一箭双雕的作用：一方面可以集中精力进攻西夏，另一方面，可以打消金国的顾虑。金国人当然愿意蒙古人去制裁他们西部邻人的暴行，而且期望通过他们之间的战争使得双方彼此削弱。他们何曾想到，成吉思汗恰是要利用西夏作为逐鹿中原的跳板。

蒙古兼并和摧毁了西夏的大部分土地后，开始围攻西夏的都城——宁夏要塞。但是，在这里蒙古大军遭受了一次严重的失败。大水突然降临，淹没了蒙古军阵地，他们不得不解围而退。这到底是蒙古人引黄河灌城的企图弄巧成拙所致，还是唐兀忒人开堤灌水所致，历史上也没有定论。总而言之，大水及因水灾造成的瘟疫曾使蒙古军队和牲畜大受损害。西夏国王的尊号为“活佛”，这表明他的祖先源于西藏喇嘛。蒙古人因而以为西夏国王使用幻术夺走了他们的胜利。最终，经过议和，成吉思汗得到了西夏的许多领土。他满载宝物回到蒙古，且做了“活佛”的女婿。当时情形下，西夏国王曾亲口说，当务之急，上上策就是被迫接受成吉思汗所要求的和亲。

西夏暂告一段落后，如今轮到华北的帝国了。成吉思汗提前做了周密的计划。他统一蒙古后，经过长期的整顿，在蒙古高原建立了一个巩固的蒙古部落联盟。同时，他还加强了同戈壁以南蒙古各部落的联盟。那些部落当时处在金朝的宗主权之下，被安置于万里长城沿边，以防卫大金帝国的门户。成吉思汗在进攻之前必须同他们取得联络。他充分利用这些部落仇视金朝皇帝的情绪，趁机将触角伸入到金国内部。他隆重地同一个被金人逐出中原的契丹后裔歃血结盟，并从这个力求复仇的部落里笼络了众多追随者。他正好用这个他一手制造出来的借口——替结盟的兄弟报仇，来讨伐金国。名不正则言不顺，成吉思汗无论在对内政治上还是在对外政治上，从来没有忽视过“名正言顺”这一原则。在策略上，成吉思汗同南宋皇帝以及他的新盟友西夏国王都订立了密约。南宋向来难以忍受金人统治中国的北部，他们自然十分欢迎这个盟友的到来。至于西夏人，只要是有利可图的事，他们是向来不会缺场的。

这样，金人已处于四面包围之中而不自知。加之他们已不像刚入主中原时那样骁勇善战、精于骑射了，同其他的游牧民族进入农业地区后的情况一样，他们变得慵懒了、柔弱了。而且，由于统治集团的压迫政策，人民的不满情绪与日俱增，军队里的严重叛变情况层出不穷，可以说，此时的金国本身已经是危机四伏了。

1208年，金国皇帝驾崩。新皇帝遣使到蒙古各部，使者已不再要求蒙古纳供了，他向成吉思汗宣达了新皇帝的旨意，正式确认金国对成吉思汗名号和威权的承认。依照金国朝廷的礼仪，成吉思汗应当拜受新命。

然而，成吉思汗没有那样做，恰恰相反，他公然向南唾弃，并说金主是一个蠢材，没权力要求任何人服从他。他的祖先曾扯过一个皇帝的胡须，而他，成吉思汗，还要扯这个皇帝子孙的胡须呢！

使者急速回到朝中，向金国皇帝报告了这件事。但是，此时金国已经与南宋、西夏交兵，金朝皇帝意识到周围的敌人已经太多了，最终忍下了这口气。成吉思汗希望金国出兵来讨伐的计划落空了。

但蒙古人已经下定了决心，因而不管金国有没有宣战，仍然发兵向前。成吉思汗调动了二十余万骑兵部队，穿过戈壁沙漠，来到万里长城脚下。边防长官看到如此庞大的军队如波涛般拥来，顿时惊恐不已，急赴京城向皇帝报告军情。皇帝对蒙古军队突然的进攻深感不解，他觉得自己并没有丝毫开罪于蒙古人，反而是自己受了他们的种种折辱啊！最后，他还以为这或许是边防长官的过失，或许他没有同那些蒙古人相处融洽。因此，金朝皇帝下令逮捕了那个他最忠实、最智勇而丝毫无罪的将官。

其后，他陆续派遣使者到成吉思汗的军营百般解释，充分谢罪，提议向成吉思汗纳币求和。然而，成吉思汗再也不肯停止进攻了。他认为同金朝作战关系到一切北方民族的生存，他想借这次机会，报复在1000年前金人对匈奴人的损害。

他的军队分为数路，立即拥至金国北部各省。在平地上作战，蒙古人是稳操胜券的。无疑，尽管在军械和技术上，金国军队的实力远远优于蒙古人，他们拥有先进的弩和火炮。然而，他们的这些武器都需要几百个人来操作，一遇到成吉思汗的便捷骑兵，这恰恰成为了他们的累赘，不能有任何的作为。

但是，在围城战中，蒙古人还是蒙受了重大的损失。那些城垣防守周密。因而在初期，蒙古军队的进展十分缓慢。不久后，他们采取了另一种战略，即打持久战。他们按期退出长城外，但每年都会向金国发动战争。这样的战事持续了4年之久。由于金国土地丰饶，供给充分，蒙古人害怕得不到胜利，因而又改用恐怖政策。为了恐吓金人，他们特意蹂躏城池，60个城市被洗荡一空，整个整个的行省惨遭蹂躏。

蒙古人总是在不断地调整和改进他们的作战方法。为了保全军队实力，他们想出了一个“妙策”：在进攻要塞的时候，骗当地人民走在前面。守城者因此不得不向他们自己的同胞射击。这种酷毒手段的成效是很可观的。到了1213年，金朝宫廷发生了叛乱，为首者是一名元帅（即胡沙虎——原

注）。皇帝被杀了，一个年轻的傀儡皇子登上了皇帝宝座（是为金宣宗——原注）。成吉思汗敏锐地觉察到了这个千载难逢的机会。他趁着金国的混乱状态发起了对金国都城的进攻。迅速集中军队后，他于这年秋季神速出现于北京周围，金国的心脏被包围了。

频发的事变使得金国政权对军队的信任度极度降低，尽管开城出战有很大的胜算，但他们并没有这样做。他们恐怕兵士一旦出城，只会逃回自己家里，或向蒙古人投降。

但是，成吉思汗还不想做最后决胜的进攻。流行的疫病及军队对当地暖湿气候的不习惯，削减了蒙古军队的战斗力。因此，双方同意议和。金朝皇帝同意立即以一位公主和亲，并交付多名人质，还进贡大量的金银；蒙古军队占领北部若干要塞。议和即成，成吉思汗的军队回到了蒙古。

半年后，金朝皇帝以北京位置过北，不宜做都城为由，迁都南京，即现今河南省的开封。成吉思汗对此大为光火，认为这次迁都行动违反了和约，是金国皇帝借此来躲避蒙古势力。南宋也认为，金人迁都于黄河右岸，接近宋帝国疆界的所在地，危害了宋朝的安全。因此，金国面临南北夹击。

当成吉思汗再次向金国出兵时，在北方各省中，基本上没遇到任何抵抗，因为这些省份自认为已经被金国皇帝欺骗、遗弃了。由于金朝军队是十分匆忙和秘密地离开北京的，甚至皇室妃嫔都还被落在宫殿里。尽管人民自发地进行了一番拼命的抵抗，然而，他们毕竟不是蒙古人的对手。北京很快陷落了。

许多金人都自尽了，其中包括很多被军队遗弃的长官。

经过战火的洗礼，北京城的昔日繁华不复存在。最后，蒙古军队一把火烧掉了金朝的皇宫，大火一月未熄。

第二年，蒙古人再次出兵金国，一直打到南宋帝国的疆界，而且兵临金朝的都城开封府城下。在这危急之时，已被蒙古人统治的河北省发生了叛变，这才使得金朝都城免于被灭。蒙古人放弃了黄河南岸，不久后，成吉思汗留下了一员最优秀的将官木华黎，以及3万名蒙古军及若干后勤人员，由他们来完成其征服金国和南宋的事业。而他则回到了他的故土，准备去征服世界的其他地方。

第五章
神圣的大札撒

札撒克是一个只要严格执行，必能征服世界的计划。同时，它又是悬在这个被征服的世界之上的利剑。与札撒克的口气相比，即便要在人间建立上帝王国的摩西十诫，也黯然失色。因为，在札撒克里，咄咄逼人而又无可逃脱的死刑是由法令来裁定的，强大的军队保障着法令的效力。而许多整个的民族，触犯了法律——往往是在不自觉中——就要听从蒙古利剑的惩处了。

历史上，总有那么几个时代的人们爱对事物做无穷无尽的探究、分析。理想、组织、计划在实施之前，常常会经过无数道的质疑甚至抨击。

中古时代的亚细亚人，尤其是蒙古人，对事物可没那么好的耐力，这并不是说他们缺乏理想。事实上，他们不会去浪费时间为理想争执，在他们眼里，理想只有真正付诸实践才有意义。通过研究蒙古史的记述，我们能够发现许多值得探究的问题，比如他们的以实际行动说话的倾向。成吉思汗从没依自己想象的或依别人建议的，用口头或以字面对外宣布过他的宏伟计划。理想随同其创造者而消逝了，我们只能看到蒙古人的足迹；而那些足迹也有一半随时代而湮没了。后世只保存着军事征服的编年史，以及死亡与焚毁的清单、法律与敕令的残片，和若干干枯无味的传说或神话故事而已。

但我们都明白，赤手空拳起家而最终成就了颠覆地球的大业，只有建立在坚定理想的基础上才能实现。但同时我们也明白：自囿于这个理想的实现，等于置那个时代的客观现实于不顾。我们的时代和我们的文化造就了我们的心理，使得我们难以理解那时的现实。因而在种族上、时间上、空间上，成吉思汗与我们之间被一个巨大的鸿沟隔断了。

这个游荡天涯的游牧民族领袖的伟大理想，即他一生为之奋斗且赋予他上帝般力量的伟大目标，是在什么时候、什么地方在他的脑海中产生的呢？是否是在某个偶然的一天，当铁木真踯躅于无际天边的时候，这个理想就像神怪似的从荒原中产生出来呢？或是当他在夜幕的火边静听老辈闲话过去的时候，世界的形影就像一个无防御的战利品出现于他的眼中了呢？

我们都不得而知。但有一件事是肯定的：他最初的理想应该很纯粹，是造人的意志与奇想构造出来，并没有经过商讨与计算，也没有受到别人意见的纷扰。这个纯粹的理想经过其他政治家们的增补之后，才变成了那个梦幻般的伟大目标。

那时，成吉思汗还不能精确地洞悉他到底有多大的意志，以及他的行动到底能够走多远。事实上，这对他的成长恰恰是有利的。假使他知道他未来敌人们的武装情况，他就会明白世界实际上是如何构建的，那么他或许就要放弃自己的计划了。对于实现那个伟大目标，在最初的时候，他们应该是雄心勃勃的。实际的困难现状可能会使他们知难而退，也可能更加坚定了他们要将其发扬光大。

不久后，成吉思汗就不得不承认这样一个客观现实了：世界是那么广大，而他的势力范围在那时却是那么狭小。他深深地体会到，要达到目的，就要先将他们自身抬到上层。

首要的条件是要有一个统一的民族。然而，这个民族这时还并没有存在！组建这个民族需要严厉的法制与能够随时采取行动的国家组织。然而，蒙古各部落当时仍处于混乱的状态！

唯有野心始终是一团烈焰，才能成就大业。在现实的力量面前，如果这团烈焰变得闪烁无力了，那么失去坚定目标的政客将只能面对失败而束手无策。像自命为世界合法主人翁的成吉思汗，在那时若对一个强横的部落首领都还需要忌惮，假如明了世界的实际现状，他可能就不能闭上眼睛做他的梦了，其结果如何可想而知。

成吉思汗建国的基础在开始的时候是极其薄弱的。游牧人民无疑是出色的斗士，富有征服与大无畏的精神。然而，谈到秩序与服从，那便不是他们的长项了。不间断的战争与彼此关系的不稳定，甚至扰乱了原本互为亲属的各部落的天然关系。骨肉相残、抢人、背誓、盗窃、勒迫，都是常见的事。就算我们认为成吉思汗可以驯服他们，但是要靠他们来创建一个国家，这是无法想象的。

在成吉思汗面前，有一个无比广大的行动空间。但最让他感到困难的是，必须以流血牺牲为代价，才能完成国家的构建。为了挽救自己的生命，他还必须持续这种流血斗争。他在播下战争种子的同时，还要去教化人，既杀人而又化人，既伤人而又疗人。

在成吉思汗立国之路最初的三十年里，他在对外问题上并没有太大的作为。他的任何举动都不能让人怀疑他准备在蒙古搞某种特殊的、新的创建。然而，恰是这个朝气蓬勃的少年在蒙古高原纵马驰骋的年头中，通过努力奋斗，纵横捭阖，逐步在各方面建立了国家的雏形。通过1206年大会的决议之后，他的国家建制第一次初具规模了：随时可以调动的预备军队，屡试不爽、实际可用的法制，源自于伟大传统习惯的国家理想。这个新建立的草原强国的第一刀指向了中原王朝。而且让中原王朝惊异地发现，从数年前混乱不堪的地方来了一个强大的敌人。

战争创造了蒙古帝国。直至最后之日，战争仍是帝国的目的和意义。因此，我们便不难理解为什么成吉思汗把军队当作其创造物的骨干了。按蒙古各部落的作战能力，他不需要作任何准备战争的动员，蒙古向来不需要在兵员问题上发愁。游牧民族人人皆兵，甚至妇女也常常随军出征。现在摆在他面前的问题是，要将这些群众武装练成随时可用和无条件受训练的利器，还必须杜绝那些有独立倾向的人、被灭王朝的曾经的统治者，以及其他仇视现存国家并有利用军队能力的人。成吉思汗想要创立这样的一个军事国家：在这个国家里，军队的权力占第一位，但又不至于对政府构成威胁，这不是一件容易的事。可是，成吉思汗尽善尽美地解决了这个问题，此后永远没有发生叛变的事情，即使国家传到他的儿子、他的孙子，也没有发生。罗马武士斗争的祸患，在蒙古帝国不曾发生。

成吉思汗先从完全改组军队着手。在那以前，军队只以家族和部落为组织单位。这种代表着独立主义派主张的建制形式，已被废除。成吉思汗以一万人为单位编制军队，号为“图蛮”。每一个“图蛮”都是一个单独的军团，拥有广大的独立权，并直接由君主发号施令。就是皇朝的亲王，也没有权限将“图蛮”的人员互相调动。这种限定避免了各军团发生不和与相互嫉妒。挂靠于某一个“图蛮”常常是世袭性的，这就是要在军队里制造出一种特别的传统关系来。这样，即便经过好几个世纪，一个人的后裔仍然在同一旗下服役。

从外表看来，这类军团组织严密呆板，但广泛存在于军队内部各阶层中的一种活泼的生活，却使之蓬勃有生气。军队内部的管理是近于德谟克拉西式的（即“民主”——译者注）。首领由下级军人选举，每 10 人选出一个什长，再在各什长里选出一个官长，这级官长统领 100 人，这些百夫长再选出他们的官长，这级官长能号令 1000 人，这些千夫长最后选出图蛮的长官。军令严格规定，最有能力的人应迅速得到擢拔。每个士兵都应知道，自己也有做元帅的可能。

成吉思汗既是专制君主，又是军队统帅，当然可以随时更改军官的级别。不称其位的军官会受降黜处分；但是，提拔的标准并不只在于骁勇善战。一个只有毅力与魁梧的体格而不懂得管理军队的首领，在成吉思汗眼里是不堪任用的。

在成吉思汗看来，军队应成为一种平民的军队。英雄不论出身，唯有能力才是标准。即使昨天还是敌人，一旦忠诚服输，则同样拥有一切升迁机会。有一天，成吉思汗在俘虏里发现一名手段高强的弓手，这个人不仅能射中极小的鸟，而且能使后一支箭从前一支箭中间穿过去。成吉思汗便给了他展示才能的机会，过了几年后，这个人便成了一个图蛮的长官。

骑兵大将哲别也有过同样的遭遇。他曾经是蒙古人的俘虏，并被判处死刑。可是，就在行刑之前，成吉思汗给了他一次表现能力的机会，与人决斗，并将自己的白马供他使用。决斗时，哲别表现得非常出色，但损坏了成吉思汗的战马。然而，他却得到了赦免，且被破格升擢。为感激君主的豁达大度，他第一次就打了一个大胜仗，不但吞并了一个新王国，且在当地搜罗了 1 万匹精良白马献给成吉思汗。

成吉思汗以其公正与广施恩惠，得到了各将领的绝对服从。他废除了亚细亚自古以来的习惯，不再把败军之将不问情由地处以死刑。而那些拥有着军队的封疆大吏，虽然像国王似的统治着边远的省份，但绝对忠诚于成吉思汗。一旦犯错，都会听凭大可汗的使者前来逮捕，无抵抗地受其杖责，甚至于引颈就戮。

蒙古帝国的军法十分严厉。不仅叛变者和临阵脱逃者要被判处死刑，未奉命令而径行放火者、容纵俘虏者、窃取同伴的马匹或其战利品者，都要被处以死刑。

军队的食粮取自于敌人的习惯，曾使蒙古军成为相当可怖的军队，并且，抢夺军粮会鼓起他们格外高涨的进攻意志。但按蒙古帝国军律的规定，战利品都应当交出来，等打完仗后，再由官长不分等级、不计尊卑地进行分配。这样，军队的行动力量不致因士兵的贪婪而陷于萎靡之地。

成吉思汗的军队起初由骑兵组成。到后来，才有了步、炮、工各兵种，他们主要由汉地与波斯的俘虏人员构成。在阵法上，以匈奴人从前用过的中央、右翼与左翼三方面组织法为基础。这些古式的军事名词深入到乌拉－阿尔泰系各游牧民族的生活里，从国家的组织到地理的命名里，都有这些名词的存在。满洲居民就被称为“左方人”，高加索的某一游牧部落则以左、右、中央等名词来表示方向。

在蒙古的军事策略中，诈术与伪逃占重要地位。如果在初次进攻中不能撼动敌人，军队便立即向后退却，不作任何流血的肉搏。然后由中军诱引来追的敌军深入，两翼的轻捷军队迅速插入，切断敌人之间的任何接触，使他们根本弄不清蒙古军的主力所在。而蒙古军的主力这时候迅速地漫山遍野拥来，突袭敌军的侧面。如若敌军遭到包围，但取胜也不那么容易的话，蒙古军则会让出一条出路——可能的话，一般是在事先选定的一个不利于敌军的地方——且让他们稍稍向前进，这样，他们就容易放弃原有的阵势并疏忽了必要的掩护。然后，蒙古军以闪电般的优势追上并突袭敌军。有的时候，他们故意将战利品及辎重留在后面，这样就能更容易地追迫敌人。蒙古军队一般采取速战速决的战略，类似后来的“闪电战”，经常让敌人感到迅雷不及掩耳，其战术是使敌军全阵颠倒、混乱，再以快速而精准的行动袭击。展开袭击后，一翼军队力量减弱并逐渐退出原阵地，同时，另一翼则力量得到增强而奋力拥至敌军正面。

一旦取得了一定的优势，他们立即利用其进军迅速的优点，切断敌人的粮道，隔绝要塞与阵地军队。然后，他们便执行迅捷的进攻，并派遣侦察的巡逻队以防敌军增援。

以人数论，成吉思汗的军队几乎都是低于敌方的。他必须在战略上居于优势，而且尽力避免军队遭受损失。围城战术是特别费时、费人马的，所以他们经常利用当地百姓，在攻城时，将他们驱赶在前面。

每次战役前，成吉思汗都会先进行周密的筹划布置，甚至于极小的细节都要反复斟酌。曾有战败者这样描述成吉思汗的军队："不可胜数的野蛮人的无秩序地袭击。"其实这是完全错误的认识。成吉思汗每到一个地方，首先会搜集有关敌人在内政和军事上弱点的情报，继而根据这些来自各方面的情报进行精密计划，然后开始执行。成吉思汗先是派遣使者前往敌人的阵营，要求对方和平屈服。如果对方愿意和平屈服，则按其所有，包括人口在内，向蒙古纳出 1/10。另外，还须提供其后勤部队、道路、要塞以及军械来源的各种实况，以及人质、最熟悉地图者，最后，还须接受蒙古驻兵于若干军事地点。

如果对方拒绝投降，按照战时的法律，敌方则会被全部毁灭。到那时候，如果他们认为普通百姓有自觉反抗嫌疑的话，他们甚至会全部予以歼灭。城市被踏平了，田野被洗荡了。因为蒙古人毕竟人数较少，他们不能冒着可能发生叛变的危险，听任在其后方有富庶土地存在。成吉思汗告诫他的将领说："受武力威服的敌人，不可能维持真正的和平。"世界是广大的，而他，却没有时间费第二次工夫来戡定同一个地方。他不是基于残狠而杀人的。他的眼里只有自己的目标，杀戮成了他宰制世界所必要的手段。

蒙古军队在战场上总能占据优势，这是由若干要素共同作用的结果：驿站路线与情报机关的运用，为战略决策提供了迅捷的信息依据；按照强制服役的原则，平民被编入部队而成为不领军饷的平民军队，这对军队而言也是只有所得而毫无所失的；军队的给养取资于战利品这一事实，始终鼓动着军队的进取精神；使用最上乘的马力，同时将辎重减至最低限度，这就使得军队的动作极其迅捷；对军械的管理有严格的规定与监督机制；最后，蒙古军队有着无与伦比的斗争精神与集体行动的团体精神。为维持这种精神，个人哪怕失去一切地位都在所不惜；纪律操纵一切，而且每个人都没有个人英雄主义的想法，也不会有个人的恐惧或疑虑。在上述种种优点之外，我们还必须加上蒙古人精准的战略战术。那种战略，在旧世界的陈旧技术相映之下，更凸显出若干未见未闻的高明之处，使得匈奴人的古老弓箭也能如汉人的新式火器一样威猛。

在欧洲，过了好几个世纪，人们才领悟到蒙古人作战的若干教练与规条的优点。

在 1206 年的斡难河大会上，成吉思汗颁布过一篇法令，从那时起，在百余年中，这篇法令施行于亚细亚全部及欧罗巴的一部分。它的名字为“札撒克”（大札撒），即“集训诫、命令、判决而成的”。

人类总是自愿接受最复杂、最奇异的法典钳制。僧侣、哲学家、社会学家，个个都将其脑中最庞杂的产物放诸其中。迷信、乌托邦思想、专制主义以及贪利思想，个个都曾企图以明文树立、实现其本身的权力。然而，从来没有一个独裁者的刚强意志，能像在札撒克里那样，得到那么伟大的体现，成为订立最高民族主义计划的纲领。

札撒克是一个只要严格执行，必能征服世界的计划。同时，它又是悬在这个被征服的世界之上的利剑。与札撒克的口气相比，即便要在人间建立上帝的王国摩西十诫，也黯然失色。因为，在札撒克里，咄咄逼人而又无可逃脱的死刑是由法令来裁定的，强大的军队保障着法令的效力。而许多整个的民族，触犯了法律——往往是在不自觉中——就要听从蒙古利剑的惩处了。

成吉思汗这个立法者并不需要为他所确立的新伦理给出理由。他的民族的至高无上权，必须靠札撒克而得到，这就是充分的理由了。而他这个独裁者，是以他民族的意志与精神投附于他个人身上的。所以，他可以说：“我要！”还可以说：“你们应该！”所以，对他的决定不得用上诉来反对，而每有犯了法令规定为死罪的，就应立刻受利剑的诛戮。

札撒克像一个命令对成吉思汗的子民颁布出来。加之他将法令刻在军队时常来往的各条干路的石头上，所以我们能在俯瞰世界的帕米尔岩壁上，念出用大字写的第一条：

“不服从札撒克者杀。”

再往后，我们可以看见：

“天上只有一个看不见的天帝，地上只有一个可汗。唯一可汗是成吉思汗。”

全部的义务以明晰的文字昭告国民。在义务里，国民将实现他们的人生目标与幸福：“蒙古人的天职为应我的召唤而来，随我的命令而去，视我指谁而杀。”它又说，“蒙古人的最大福祉为战胜敌人，掠取敌人的宝藏，使敌人的臣民痛苦呻吟，驾敌人的肥马而疾奔……”

后面则列举着战时的军法，其中有一长篇是关于会被处以死刑的过失：斥候疏忽、驿使醉酒、反叛、作内间、不传递命令，未得统兵官特别许可而施惠者、将非其分内的战利品拥为已有者、偷窃同伴所有者、拒绝供给马匹者，以及拒绝供养成吉思汗的驿使，都同样受死刑的处分。

还有关于战利品与统兵权分配的规定。“万夫长（即图蛮的首领——原注）只奉可汗的命令，并须绝对遵从他的意志。每个壮丁都应服军役。留在家中者必须替国家工作，而不得有享受报酬的权利。”再往后，里面还说道：“能拥有一户者可统带十人。能统带十人者可统带万人。但我要杀掉无能力的官长。”

在列举了洗刷和挑选马匹的实用规则后，我们还看到了这样一句严厉的话：“禁止与还未归顺的敌人议和。收纳逃亡者的人，应作为敌人看待。”

男人外出时，妇女应在家看守产业，并可随意买进和卖出。贤明的成吉思汗说道：“我们承认一个男人对其妻子的所有权。”

若干特权只赋予少数的一批人。成吉思汗少年时代的同伴，以及冒险救了成吉思汗性命的军官，是特权享有者。他们有随时进入成吉思汗帐幕的权力；在分摊战利品时，他们享有优先权。还有一个奇异的条款规定，这些武士可以不受责罚地犯罪八次，到第九次才依法问罪。成吉思汗是效法天帝而制定法典的，他当然也颁布恩典。

确定蒙古人社会权利与义务的那几个条款，与战时法典一样明确而严厉。惩罚分为四等：死刑，断四肢，杖刑，罚锾。最后一种一般是按照被窃的或被损坏的物品价值的九倍计算。

偷窃牲畜是一种重罪，应受死刑的处分。背誓、狡诈、鸡奸、强奸、通奸以及同处女的淫行，同样都受死刑的处分。凡以强暴手段而发生先期生育的情事，则罚交牲畜，其数量按照胎儿的月数计算。饕餮，不招待外人，及无理参与斗殴的，应受严酷肉刑的处分，在某几种情形下，还受死刑的处分。

这些法律当然只对蒙古人生效，敌人是没有权利的。他们一般是被当作战利品看待，一经按照法律予以分配后，所有者可以随便处置。札撒克的意义，恰是要显示出蒙古人对于被征服者是处于主人翁民族的地位的，同时特许这个民族享受一种特殊的待遇。许多年后，直到成吉思汗的后人统治时期，札撒克的纯粹民族主义的伦理基础才发生了改变，法律的权利与保护才被扩大施行于非蒙古族的帝国居民。然而，这种措置已经同成吉思汗的初衷背道而驰了。

在司法诉讼方面，成吉思汗确立的方针是明确而合乎人心的。唯有当场被抓或自己供认犯罪的，罪名才能成立。犯罪的征象是不能作定罪根据的；但是，如果其中有重大的嫌疑，则可使用刑讯以求口供。男人的誓言较女人的誓言有价值。奴隶指控主人必须有无可驳斥的理由才能发生效力——譬如他若指控主人盗窃，则必须指出主人所偷的东西。年轻的女奴，如果同他的主人发生了性关系，则不能充当证人。

在这些有理由的和有用的规定之外，也有其他莫名其妙的规定。譬如，严厉禁止向灰中与河中便溺的行为，违者处以死刑。又如，怒目注视他人户内，及经过首领的帐篷时手触围护，同样受到禁止。传统的不洁凭“一切都是干净的，脏的全不存在”这句话而变得合理。在河中洗澡或洗衣者，要付出生命的代价。皮衣须穿至完全不能使用的程度后才许丢掉。当成吉思汗将这些来源于蒙古神话的风俗及其他奇异的风俗用札撒克来定为法律的时候，并不是因为他本人重视这些风俗，而是因为源自保守主义的惯性。蒙古民族的每个特殊性都是他所珍惜的，因为在法律的保护之下，蒙古民族将与世界其他民族发生更密切的接触。成吉思汗保留着蒙古老式的屠宰方法也正是出于此。应当将牲畜背贴地面，在其胸部切开一道大裂口，然后抓着仍在跳动的心脏把它压平，直至牲畜断气为止。而其他的屠宰方法，都不许使用。如有犯者，要受死刑的处分。

亲属与继承的权利，也在札撒克里得到了严厉的族长制的确定。那些旧的风俗，从以买卖成交的婚姻以至已经死亡的男女互相结婚的奇异的仪式，仍然被保留着，这种保留被认为是必需的。

为尽量提高人口的出生数量，成吉思汗勒令每户至少每年要办一次婚事。蒙古臣民的一切少妇与少女当然应随时供君主及其儿子的征求。

成吉思汗以承认和保守世界现有事物为基础，这对于其复兴蒙古民族及实现未来的事业的作用是不可估量的。他的核心观念是：一切都合于逻辑地建于过去的历史与习惯上。

蒙古族向来缺乏明显的灵魂观念，这也给成吉思汗制定法典提供了有益的启发。成吉思汗将这个宗教放任的状态制成了一条法律和一条立国的原则，并根据它缔造了创立帝国的理想。他要对宗教采取绝对放任政策。但一切宗教都须以默认一尊看不见的天帝为基础，教义的不同无非是宗教的形式而已，可任每个人来自由取舍。至于具体用什么方法来尊敬天帝，哪怕是用暧昧态度，他都是不过问的，只要对他这个看得见的世界君王有具体而切实的尊敬表现就够了。

蒙古人对待各种宗教的这种宽容态度，在后来若干年代都曾使他们在盛行形而上学的亚细亚广受裨益，而且几乎每战必胜，简直可与成吉思汗的军队相媲美。在一百多年中，这个原则始终为蒙古政治家手中的主要利器。

成吉思汗所树立的种族灵魂力量甚至可以说就是无宗教信仰，这就使得大家的精力放在为国家效劳。为反对一切形而上学而被特意培育的对于宗教的免疫力，曾使蒙古人大受其利，并使他们比敌人的战斗力更强。他们是实事求是的、利己的、有洞察力量的。每时每刻，他们都看到了出自本然的世界。他们不知疑虑，因为他们心中唯一顾虑的，就是可汗的命令。他们明确知道，这种态度有助于其遵守法则，而违犯法则便要丧命。

大家不加任何批评地接受札撒克。它并不算是与传统习惯决裂。而在蒙古人看来，根本不存在任何宗教要素或可与它对抗，在他们心中，那些宗教信仰从来没有真正成立过。而成吉思汗则采取了若干措施，以便僧侣方面不至于反对。他规定僧侣同博学者及艺人一样免纳租税，但同时规定宗教团体的代表者不得占据政府的任何职位。国家与教会的分立，就这样自然而然地实现了。促成成吉思汗在上天与人间之中划出一道明显的界线，并不是过去的什么教训。我们或可相信，这个创案始祖只是靠他伟大政治家的本能，预先料到神权与人权的混合可能引起危害其帝业的危险。后来的发展证明了他的判断。在他的孙子统治时期，帝国的统治就因宗教纠纷的震荡而发生了动摇。而在札撒克颁布七百年后，蒙古民族的后裔被无数和无厌的僧侣所侵蚀，直至被吸尽了骨髓，过着穷苦的生活。

诚然，在1206年的大会中，即札撒克产生的所在，成吉思汗曾利用教徒以收服人心。然而，一到了他继父的儿子——一个著名的萨满——提出了他的要求，并企图在国家弄权的时候，成吉思汗就表现出了他对教徒的态度：他让他的一个儿子以摔跤的名义，将萨满一脚踢出门外，萨满就这样死在了帐前。

这是因为，成吉思汗并不需要宗教为他抬高身份。他的命令足以在数年之中就制定出他的子民间的秩序，并足以重振国家所必需的伦理观念。从非蒙古史家的记述里，我们知道，不久后，违反札撒克的事情就不再发生了，家家都夜不闭户，人们彼此不食言，蒙古妇女的贞德甚至引起了欧洲人的赞赏。

这个世界的主人翁也不需要借宗教而将自身神圣化。他甚至无需靠亚细亚所尊崇的那些天神来自炫，也无需借重于尊严的称号。他在其命令上，只需要签上：成吉思汗。像耶和华一样，他说：“你们不得随便使用我的名字。”他的话是坚硬的，明晰的，不加丝毫润饰的。据称，他的一个书记官有一次在他的敕令上加了东方的礼饰语，他便把这个书记官杀掉了。

有人这样记述道，这个沉稳而自信的君主，只依照蒙古的旧习俗向看不见的天帝要求两件事：健康与长寿。在想到他总有一天会死去时，他心中很苦恼。他并不是把生命看得多重！他往往不顾生命去冒险，甚至在他进入老年后，只要有必要，他都亲自统率军队去攻击敌人。只是，他知道，在他有生之日，帝国是安稳的，到他死后，帝国将随之崩塌。唯有他一个人，有力量来实现伟大的理想，带领他的骑兵到达地球的极点。正是因为顾虑他的事业，成吉思汗才希望能长生不死。在这一点上，他像一个小孩儿似的那么迷信。他往往为噩梦所惊，并请教于神明，因而身边围绕了许多术士。

有一天，他听说有一个汉地老人发现了一种“致圣的宝石”。他立刻把这个老人召来，以为可以得到克服死亡的方法。正因为他不知道致圣之道，所以他要探求。

可是，成吉思汗失望了。这个术士乃是一位哲学家。他所送给成吉思汗的，并不是一道符录或一个法术，乃是一句简简单单的箴言：可汗应摒弃自身的荣光、欲望及个人地位；如此，死生便可合而为一，那么死亡便非可怕的东西了。

这种圣道对他，成吉思汗，能有什么用处呢？他忍着气把哲学家送回去了。他明白了，他不必再想长生不老，他应尽量利用他有限的光阴。一边是他尚可利用的光阴，一边是他尚须前进以达到世界端点的路途，他要在这两者之间比较长短。

在此身未死之前，成吉思汗怎么可能轻易放弃他的旅程呢！

第六章

“上帝的祸魔”遭遇“真主的幽魂”

……于是，蒙古使团的首领被斩首，随行的蒙古人则被剃去胡须头发放了回去。这样，双方只有决裂了！沙王已被带入成吉思汗的圈套里了。现在，成吉思汗可以履行其权力内的职责了，因为“他的邻人不给他和平”。他当众流下眼泪，表示受了屈辱。据说，他独自登山数日，向长生天祈祷，发出复仇的重誓。至于蒙古军队方面，则积极做好备战的工作。同时，他们还寄了一封信给沙王。信里面只有几个可畏的字，这几个字在百余年中，曾震动了整个世界。这份蒙古的宣战书，后来成为被沿用的公式，它这样写道：“你选择了战争，唯有上天知道我们二者如何结局。”

占据亚细亚核心地带的西辽帝国，以喀什噶尔为都城，版图西起咸海及锡尔河，东至阿尔泰山与西戈壁，南部疆界则为切断西辽与西藏的昆仑山。这个幅员辽阔的国家的面积不亚于英属印度，并四面八方伸展着沙漠、荒原以及高山峻岭。

西辽是一个典型的游牧民族国家，没有定居生活的组织，产生于上亚细亚各民族迁徙的混沌状态时期。它是靠漂游无定地围绕于相对较强的部落周围，凭借偷窃与长途觅食而发展的一个国家。它的生命比较短促，仅仅经历了 100 年，便在历史上消失无踪了。它同许多同类的部落一样堕于这个结局，虽然都曾同经亚细亚的历史旋风卷在一起，但随后又被扫荡干净。如果不是在东方与西方大战的初期西辽曾扮演过重要角色，或许今日我们已经把它忘记了。

西辽的主宰者契丹人最初聚居于现在的中国东北地区，在东经 35 度以东。在他们奇异的山地帝国尚未成立之前，他们已经经历了典型的冒险远征的生涯。在本书前面我们已经说过，他们曾于 10 世纪中鲸吞中国北部，直至黄河，并且建立了辽朝。在 12 世纪中，他们被同种族的兄弟女真人逐出了中原，又是负创向西退却。但由于他们回到满洲故土的路线被切断了，因而他们只能退往戈壁沙漠后面，而其幸运的继承者则安安稳稳地坐在纷扰不宁的中原大地，建立了金国。

游牧民族的习性使得契丹人不畏行程的困苦。起初，他们想一直推进到阿拉伯，因为商队的领路人曾叙述过很多关于阿拉伯珍宝的故事。那个富丽异常的国家，应位于西方某处。到那里的距离不论远近如何，都是无关紧要的！契丹人对于再跑一次东经 35 度的行程，是满不在乎的！

然而，他们不久就明白了，世界已经被人分配完毕了，无主的荒原并不是到处存在。在帕米尔山脚及肥沃的斐加那地区，他们就同对手遭遇了。那些军队恰恰是契丹人打算去寻衅的阿拉伯军队。在旧亚细亚的边界上，契丹人前进的路途被切断了。于是他们放弃了伟大的计划，不再奢望，而甘心居于较贫穷但在军事上很有利的锡尔河和阿尔泰山之间的山地区域。在这片政治上无所归属的地区，他们依据帕米尔的地势，建立了哈喇契丹帝国。“哈喇契丹”名字的意义是说“黑契丹”。这个名字足使人追忆其曾经的伟业。从组织形态上说，这个西辽国一向保持着松散的部落联盟状态。

在 13 世纪头几十年中，即成吉思汗在东亚细亚的势力开始迅速发展的时期，西辽的东部边界并没有划清，是变动无定的，这也就是迁移无定的民族所常有的状态。有些部落比较愿意隶属于西部蒙古各部落，实则他们已经是喀什噶尔皇帝所属的子民了。只是，喀什噶尔并没有密切注意他们。在那时候，喀什噶尔的政策是专注于西方的，因为他正同花剌子模的算端（即苏丹——原注）争夺锡尔河的沃地。这个偶然的机会对成吉思汗来说，无疑是天赐良机，因为他的上亚细亚危险敌人正受着掣肘，他的行动就比较宽松起来。

当时契丹的力量是不容忽视的。他们所处的地理环境，曾使之拥有某种政治上的重要性。他们掌控着伊朗与突厥的咽喉，俨若高地堡垒的守护者，也正如罗神（即守护门户的两面神——原注）的前后双脸，同时俯瞰东方与西方。在这种情形下，契丹人实际上成了天平的指针。中世纪时代仅有的供军事与商队通行东方的两条路径，即天山北部的准加里门，和畏吾儿部在塔里木盆地的商业路径，都操纵于契丹手里。若是一个积极而有魄力的国家，就一定知道去利用这个中心的地位。然而，契丹不再有施展雄图的想法了，因而其优势的地位反而成了他们的祸害。有一天，他们受到了两个渴望发展的邻国的两面夹攻。这两个邻国都觊觎世界的主权，西辽已是成为双方缓冲而又必争的地带。但当西辽的领导者看清当时的情形时，灾祸已经降临了。

在这期间，成吉思汗完成了统一蒙古与塔里木盆地各部落的大业。他在1206年的大会上缔造的国家，现在已经是名副其实的强国。他的国家拥有大片的土地。在与汉地敌人作斗争中，他表现出了强大力量。乃蛮与畏吾儿这两个喀什噶尔皇帝的旧附庸此时已经降服成吉思汗，表明成吉思汗对西辽的敬意已经减少。正专注于西方战事的西辽，对损害其宗主权的行为完全没有采取反抗行动，这更加降低了契丹在蒙古人心中的威望。除西辽明显暴露的弱点之外，此时还有一个原因引起了成吉思汗对西辽的觊觎。他，已经拥有塔里木盆地和畏吾儿部落，从此以后，守护商队大路的责任就落在他的身上了。他的崇高身份要他如此！在昨天，成吉思汗对经济问题的看法，眼光还是有限的，但他现在突然明白世界贸易的意义了。他的昌盛的尚武国家，并无可耕种的膏腴土地，十分缺乏各种原料，是极需要外来商品输入的，尤其是，他们缺乏兵器。

中世纪时代的亚洲和欧洲，兵器工业主要集中于阿拉伯和美索不达米亚。最精良的刀剑来自于大马士革。在希望购买廉价货物的情况下，成吉思汗便希望通商自由。

然而，从大马士革至贝加尔湖的路途是相当遥远的。大路上每个地段的所属者，都设立了关卡，征收捐税，因而客观上抬高了货物的售价。特别是居于山地的契丹人，他们从路上征税的收入比他们种地的收入还多。这种征税跟大路上的强盗几乎没什么差别。

即便没有统治世界的理想，成吉思汗对居于他前面的西辽也总认为是眼中钉，这是不言而喻的。他现在面对的形势，恰与七百年前的突厥人所面对的一样。上亚细亚的每个新强国，都必须求得对商业交通的掌握，而不与西方发生龃龉。

还有另一个要素，也为成吉思汗与西辽发生冲突的原因之一：西辽是一个纯粹的游牧民族国家，它的人民与蒙古人同属一种。在骑士民族中，就不应有两个皇帝同时统治！

这样，开战的原因就再充分不过了。成吉思汗历来是主张合法而行的，也历来保持着公理的外表，所以，特别是对有那么悠久而光荣历史的契丹国，他现在是待机而动的。事实上，在这个间隙，在中原方面，他正同西辽的同宗——辽帝国的契丹人，共同打击金人。蒙古人不欲使局势转变得太快，但事实上他们已经未雨绸缪。

对于当时的危机，契丹人似乎是盲目的。他们历来只注意西方，没想到“螳螂捕蝉，黄雀在后”，对于后面逐步加大的危险还毫不自知。

在西方的，是花剌子模的沙王摩诃末在塞尔柱帝国的残迹上，建立的一个武备繁盛的大国。其国土南至印度边界和波斯湾，向北伸展至黑海和里海，西至阿拉伯，向东直至咸海和帕米尔的西坡。伊斯兰世界的士兵几乎全部集结于摩诃末的麾下，这个国家简直是伊斯兰教多种族的一个大教堂。侨居于西部的突厥人，即摩诃末本身所隶属的宗族，曾在其中占了重要地位，他们自然不免同土著的波斯人民发生冲突。然而，文化和民族的差异性，却能被共同的信仰所笼盖。伊斯兰世界一向尚武，在若干世纪中，从阿拉伯人传至西亚细亚的突厥人，对武功的信奉丝毫不减。摩诃末时期的伊斯兰世界外表虽已稍见衰颓，却仍力量雄厚。昔日的伊斯兰帝国哈里发已不再是一个有权力的教主。这个丧失了权力的教主整天死气沉沉，驻跸于巴格达，听任突厥武士贵族的操纵。摩诃末沙王实际上成了伊斯兰世界真正的领导者。

事实上，摩诃末乃是一个暴发户——他的祖先是塞勒术克王朝的奴隶。然而，这并不能降低他的地位；恰恰相反，他地位至尊。他，是巴格达哈里发所恐惧的；他，是不花剌和撒马耳罕（伊斯兰各都市的核心——原注）的学院所歌功颂德的（因为这些学院是受他支配的——原注）。 100

这样，在13世纪初年，有两个强大的君主统治于亚细亚，这两个强国都是武备充实的。他们都渴望从事新的征服活动，都是以统一寰宇为目标。那么，在蒙古帝国与伊斯兰帝国的政府结构之间有什么不同呢？

成吉思汗虽号为“上帝的人间祸魔”，但摩诃末亦号称“真主的幽魂”和“伊斯兰之狮”。成吉思汗以其铁一般的意志和其对种族的天赋地位的神圣信念，作为其统治世界的根据；摩诃末则倚重古波斯与伊斯兰的丰功伟绩带来的无限荣光，借其代理伊斯兰教主穆罕默德约束人间的职责和伊斯兰教真主的保护，来诉求其统治世界的合理性。这是种族与宗教之间的斗争，未来与过去之间的斗争，革命的饥渴感与傲然自大的饱食感之间的斗争。

一旦这两个强国彼此接触，冲突便不可避免了。因为它们两个都视对方为恒久不变的威胁，这不但是从军事上说，从思想上说也同样如此。蒙古人根据民族的理想来建立帝国，否认宗教的意义。但是，在摩诃末国内，宗教正是各民族间唯一的纽带，而种族问题则是它的弱点。摩诃末是许多突厥民族的君主，而成吉思汗根据种族的隶属，可召唤这些民族归顺于他。同理，伊斯兰教徒则会同心协力地攻击蒙古军队内的佛教徒、景教徒以及萨满教的信徒。两边的矛盾已经无法调和。

但是眼下，契丹人的缓冲国仍然使这两个敌人处于隔开状态。可是，这种状态能维持多久？总有一种暗中的力量，推动着这两个大国彼此对抗，直至它们彼此的边界互相接触。这两个贪得无厌的强国都已经觊觎喀什噶尔及其以外的地方了。

不幸的世界贸易也使得成吉思汗和摩诃末必然发生接触。摩诃末管理了西部的路途，成吉思汗管理了东部的。假如二者之一对交通路线横施阻碍，则商品的一切交易都将停顿。在七百年前，正是这个原因曾引起过战争。在中世纪时代，远方的贸易是亚细亚内地生死攸关的财源。若干大民族之所以能生存，广大地域之所以可居住，都倚赖于商队贸易的发展。直至几个世纪后，海上贸易昌盛后，中央亚细亚这个大干路才被人抛弃，而亚细亚腹地也就此沉沦了。

然而，在那时候，商队并不周行全球，只是走向印度、日内瓦、威尼斯、大马士革、不花剌、北京的市场。亚细亚荒原轻微的政治变化，便可使商队受到影响。

13世纪初年，贸易的自由与安全极其没有保障。契丹人是典型的强盗。像其他所有伊斯兰教国家一样，摩诃末设的关卡与捐税也是层出不穷的。在这一点上，成吉思汗就极度不满。暴风雨已经在密结中了，第一个电光就打在西辽身上。

在这种危机之下，契丹人在做什么呢？当然，他们是做了最蠢的事。他们太高估自己的力量了，同时与两方面的大国为敌，妄想从中渔利。事实上，这两个大国正等着良好的时机降临而采取行动呢。

战事是由屈出律的态度激起的。屈出律是乃蛮王子的儿子，曾被成吉思汗打败，且为成吉思汗积仇最深的敌人。被打败的屈出律逃到喀什噶尔，想要在那里重新组织抵抗力量。不论是否真的愿意，契丹的君主还是看在屈出律是他陪臣的儿子的份上，收留了屈出律，并且还超出必要的范围，将他的女儿嫁给了屈出律。但是他不敢再进一步了，这位年老的君王没有勇气与可怕的成吉思汗发生事端，因而不敢替屈出律恢复他的权力，乃蛮王罕的悲惨结局还在他的脑海中徘徊。

然而，他还是做得太多了。屈出律是一个穷凶极恶的人物，对这样的人是不可丝毫施恩的。这个武夫是毫无信义的。契丹一堕入他的术中，就非颠覆不可。屈出律造反了，他的奸谋成功地掀起了一番反叛行动。一夜之间，契丹王朝被推翻了，这个忘恩的驸马登上了宝座。

因为这次事变，中央亚细亚的政治状况完全改变了。原来的契丹是一个历史悠久而文明的王朝，现在，一个大国里有了个篡位的君主，那就不同了！合法继承者成吉思汗与暴发户摩诃末都想乘机打劫。无论如何，在喀什噶尔扮演公正人的角色总是可从中得利的。因此，蒙古人与穆斯林都开始下手探试。

在成吉思汗看来，有两点是很明显的：第一，现在事变已颠覆了契丹王朝，除他之外，原则上任何人都不得统治上亚细亚；第二，他不能等待屈出律动员邻国来攻击他。蒙古的所有敌人——人数并不少——已经都集中于喀什噶尔了。在成吉思汗方面看来，能做出的反应只有从事预防的战争。他向哲别下了命令。这时哲别正带领最精良的军队在高丽征讨，接到可汗命令便即速跑过了半个亚细亚大陆——这对他来说只算是一番小事情。屈出律宝座还未坐稳，蒙古人已经来到他的国门了。

摩诃末并没有因为喀什噶尔的事变而感受到直接的威胁。虽然与契丹有着血统关系，但他并没有顾及过他的同宗兄弟，反而同他们发生过争执。到这时候，他倒追念起了自己与契丹的血统，戴上了公证人的假面具，他开始玩政治的大把戏了——采取政治行动，也就是说，趁火打劫。在喀什噶尔，他同时与两方面谈判：一方面他鼓励屈出律，另一方面他维持着被篡位的契丹国。当他搅乱了整个局面，使得双方发生严重冲突后，他则表演他的把戏，出兵占据了锡尔河流域。他借口说，采取这次行动是为这个地方的合法君主——契丹王的利益着想的。当然，任何人都不会相信这种话，但更不能同他争夺这个区域。在这个时期，契丹已经没有势力了，只能坐视种种变故发生；而屈出律在看到蒙古人已从另一方向兵临城下时，不得不承认将这块土地割让给摩诃末沙王。契丹与屈出律争执了那么久的河中省富庶的各都市与坚固的堡垒，现在都落到摩诃末手中了。

在这个时候，成吉思汗几乎没有遇到激烈的抵抗就将西辽其余各地都占领了。对成吉思汗来说，一件幸运的事情在西辽国发生了。这件事被大外交家成吉思汗加以利用，又使得他的成功格外容易了。

屈出律听从了妻子的话，而做了极蠢的事情。这个女人是新近皈依景教的，是信仰过甚的危险分子，她日夜只怀着一个想法：扫灭国内一切非景教的宗教。她前皇帝女儿的身份，是唯一可使新君得到合法地位的光环，屈出律因此不得不尽听她的旨意。他同意了虐待异教徒的行为，尽管这种行为会导致危机重重。历来被亚细亚腹地人民所熟悉的宗教迫害的惨剧，现在在喀什噶尔逐幕上演了。若干伊斯兰教长被钉死在礼拜寺的门前，佛教长老被烧死于柴堆上。在前后若干星期之后，基督教宣布大获胜利。

可是，同大多数这种事情所产生的结果一样，国家要为这种孽债付出代价——屈出律失去了他的人民对他所仅存的同情。

现在，成吉思汗知道怎样应对这种情况了。他的宗教自由的立国原则，正好成为其披上主持公正的外衣了。他宣布保护被压迫的教派，宣布讨伐屈出律，因为屈出律残害了西辽的人民，因为他没有遵守札撒克的规条，而札撒克乃是一切骑士民族的法典。蒙古人自命为解放者，他们的军队曾在旗上大写信教自由的可喜纶音，宣扬每个人都可自由信奉心中所向的宗教，坚决消灭教士在政治生活上所发生的不良影响。

这样，在喀什噶尔，成吉思汗的军队没有被视为侵略者，相反，却是被视为解放者。因而，彼此之间几乎没有发生冲突。而一个月后，新降者成了忠实的臣民，屈出律则迎来悲惨的结局——他的部众把他当一条狗似的杀死了。

就这样，几乎是不动声色的，成吉思汗成功且迅速地灭掉了西辽，竟使摩诃末在毫无察觉之下，忽然有一天在其疆界上与新的邻人相见了。

花剌子模的东界为沙漠与山岭，那些山岭荒芜而人迹罕至，矗立于云霄中。在摩诃末极东的兵站与蒙古的前站之间，或许只相隔了几百里路。但在这个地方，这样的距离，没有几个月的辛苦跋涉是穿不过去的。所以，这两个新邻人还不能立即彼此接触。这两个强国间的纠纷并不像通常那样，是先由边境兵站的小冲突开始的。这两个彼此尚不十分了解的强国间的战争，是以正常的商业斗争为开端的。

最先是成吉思汗主动来同西方邻人沟通接触。他派遣使者越过崇山峻岭，来到沙王那里。使者携带着成吉思汗的敬意和礼物送与摩诃末沙王，并力陈商队大路上的正常运转如何有利于两国。按今日的说法，这就是“列国的共同经济利益”与“友好关系之诚挚希望”。同时，成吉思汗还向其邻邦提议，订立一个正式的通商条约。

截至此时，一切经过都很良好，似乎亚细亚各民族和平的黄金时代即将出现了。但不幸的是，成吉思汗寄给摩诃末的书信里却包含了一个小小的、仿佛水到渠成的恶作剧。的确，信里在提到可汗新近吞并了中国那么大的国家后，却又说了这样一段话：他本身是一个和平的君主，摩诃末对他不必有丝毫忧虑。为表示诚心起见，他会把这位西方的皇帝当做他的亲儿子看待。

可是，我们要知道，在亚细亚的外交辞令里，“儿子”这个字眼代表什么意义——这等于说是附庸。或许这是成吉思汗存心的。他的确自认为是万王之王，只要求表面上的降服，这已是他的豁达大度了。然而，号称“真主的幽魂”的摩诃末，却不像德意志腓特烈二世皇帝那么温情，后者于 25 年后，以滑稽的口吻回复了蒙古人的一封同样措辞的书信。

这一招成功了。摩诃末感觉到了对方“口蜜腹剑”的把戏。但他也很谨慎，在未着手谈判之前，他要先进一步了解这位奇异而言语无状的东方皇帝，而他甚至还不知道这位皇帝真正的名字。因此，他便私下里向成吉思汗的使者打听。在门户紧闭之后，四目相对之下，他静听使者的报告。他还先给了这个使者重重的馈赠，就是说企图收买他。这一切预备动作，表现了沙王没有多大把握。

摩诃末向使者打听成吉思汗是否真的吞并了大宋。使者承认了这件事，并将这个实情稍微说得夸张了些。于是，沙王便更加忧虑了。他不能想象出成吉思汗到底是个什么样的人。可是，吞并了像大宋那么强大的国家——他也曾从天山之外知道这个国家——这到底是怎么回事呢？

摩诃末追问道：“成吉思汗的军队的确也同我的军队一样

强盛吗？”

使者或许是因为怕失去他所得到的美丽赠品，或许是因为要做他主人的忠仆，因而期望能更稳妥地把摩诃末拖入陷阱，就回答道：“你的权力就像太阳那么大，成吉思汗的权力则像月亮那么大。”

摩诃末表现出了满意情绪，而使者也安安稳稳地携带了礼物回国。他让使者带回了恭敬的友好诺言，但这种诺言并不代表任何意义。对于他与成吉思汗两个人到底哪一个该做父亲，哪一个该当儿子这个难题，摩诃末回避了。

对于摩诃末的这种吃了苦头而不敢作声的宽恕态度，我们可能不能马上明白，或许我们应从巴格达当时的情况中去寻求答案。

事实上，“伊斯兰的宝剑”摩诃末这时与巴格达哈里发的“神”权发生了冲突。他曾利用强权废黜了一个哈里发，而另立了一个新的。他凭借一个神学博士会，并利用伊斯兰的什叶派与逊尼派之间的旧仇，将他所不喜欢的人摒于教外。然而，被废的哈里发则反过来宣告废黜摩诃末。在那时候，亚细亚的沙王与哈里发的地位，是与欧洲的皇帝与教皇无二致的。

在这次纠纷中，摩诃末表面上占了上风，且咄咄逼人，率领他的军队直抵巴格达城下。然而，哈里发的废黜令也削弱了他的地位。凡想脱离摩诃末的臣民，都可以名正言顺地脱离他。受宗教的两难论所鼓励，反对派也抬起头来了。沙王感觉到他的地位没那么稳固了，特别是现在遇到一个东方皇帝，后者似乎要组织一个可以联合一切游牧民族而不分宗教信仰的国家。在摩诃末心里，他最好的军队便是突厥血统的军队，因而在这一刻，他不想贸然激起纠纷。

然而，像内部未臻稳定的一切国家一样，花剌子模国内也存在着一个主张以征服政策缓和内部冲突的派别。这个派别禀承太后的意旨，也令沙王难以应付。

有关蒙古帝国的状况及其行动策略的报告，不过是来自谣传与推测，因此摩诃末对于蒙古帝国的情况掌握得并不十分清楚，但成吉思汗对西亚细亚的情况，似乎打听得非常清楚。有些历史学家甚至以为成吉思汗与哈里发有联络，并且认为成吉思汗曾接到过哈里发希望与他结盟以抗沙王的提议。据说，在这次谈判中，哈里发使用了那个时代的一个特殊方法，借以经过敌人的国境而暗通消息："外交文书"被刺于一个人剃光了头的脑壳上，这个人同时也默记住文书的内容。当他的头发重新长出来后，他便假装成商队成员前往蒙古。成吉思汗只须把使者的头发剃光，便可将使者口授的言词和书面的言词相对照了。

提出成吉思汗与巴格达结盟这一假设，本身是有所根据的。因为后来在摩诃末与成吉思汗发生战争时，哈里发始终不曾加入其中，他始终没有宣告伊斯兰的"圣战"来与成吉思汗对抗。至于蒙古人先前对摩诃末的暧昧态度，也是可以理解的：成吉思汗为拖延时间起见，一方面作威胁行动，而另一方面又缓和局势，一面答应彼此和平无事，另一面则作战争的准备。成吉思汗深知时间的延长对他是有利的，而且知道摩诃末的宝座行将动摇了。他也深知，蒙古人的时代总要降临，到那时，他将于世界的万众瞩目之下拥有他的权力。他清楚地知道，只有等一切时机都完全成熟了，蒙古完完全全占据了合理合法的理由，才能发动这场战争，尤其是他不愿只作简简单单的征服，而是要建立万年无疆的游牧民族的合法帝国。

因而，第一步就需要等待新商约的结果。

这一天，一个携带波斯货物的商队来到成吉思汗的都城哈剌和林。他们的要价昂贵无比。在人们的追问下，他们说出了提高货价的理由：他们曾经向花剌子模沙王纳过重税。成吉思汗当众大发雷霆。难道他消灭西辽，为的是使他人来阻碍贸易吗？自由通商的保证在哪里呢？生气归生气，但是，成吉思汗却买下了货物，甚至出价比商人所要的还要高。这是一番精巧设计的行为，因为从此以后，在亚细亚所有市场上，大家都说蒙古大汗是赞成通商的。

不久之后，一个蒙古商队携带着中国货物，来到了波斯帝国边界的锡尔河北的讹答剌城。在这个地方，即花剌子模的东境，花剌子模人的战争精神病已经达到相当的程度了。好战的青年刚刚不费力地吞并了河中省，志得气盈，且正做着新战功的幻梦呢。于是，讹答剌的守将便对商队以武力威胁，他无论如何都不肯相信商队是居心和平的。在他看来，这些蒙古人并不是商人，而是危险的奸细。于是，他扣留了商队，杀死了商人。

摩诃末即使是不赞成这样做，也没法制止。他的权力已经受到了束缚，因为这个疯狂的守将同时是主战派的首脑，且为摩诃末母后保护的人物（即摩诃末的母舅——原注）。

像成吉思汗这么伟大的人物，都自称是自由贸易的保护者，讹答剌城年轻守将的轻率行为，无异于是火上浇油了。然而，成吉思汗还是没有采取报复的行动。他遣使去见沙王，提出抗议，并要求惩罚罪人。成吉思汗唯恐仗还打不起来，便施了一个新的诡计：他以一个曾背叛摩诃末的花剌子模的旧臣充当使团的首领。这必然被看成是挑衅的行为。这下，主战派很轻易地说服了犹疑不决的沙王。于是，蒙古使团的首领被斩首，随行的蒙古人则被剃去胡须发放了回去。

这样，双方只有决裂了！沙王已被带入成吉思汗的圈套里了。现在，成吉思汗可以履行其权力内的职责了，因为“他的邻人不给他和平”。他当众流下眼泪，表示受了屈辱。据说，他独自登山数日，向长生天祈祷，发出复仇的重誓。

至于蒙古军队方面，则积极做好备战的工作。同时，他们还寄了一封信给沙王。信里面只有几个可畏的字，这几个字在百余年中，曾震动了整个世界。这份蒙古的宣战书，后来成为被沿用的公式，它这样写道：“你选择了战争，唯有上天知道我们二者如何结局。”

第七章
规模空前的西征

谈判决裂了，彼此宣战了。然而，数世纪以来所未曾有过的一度太平状态，却出现于大陆上。在成吉思汗的帝国里，从帕米尔至太平洋，存在着一种模范的秩序。未得可汗的许可，没有一个骑士敢驰骋于路上，敢射出他的箭矢。在大战开始前那几年，青年女子可以头顶一盆黄金从不花剌走到北京，而不至于遇到危险。然而，这个太平状态终究是欺人的。在双方的边界上，大家都整军经武。东方的草原与西方的都市都积极动员，以互相攻击。唯有不可逾越的山岭横亘在双方中间，绵延两千余里，阻止着战事的即刻发生。

谈判决裂了，彼此宣战了。然而，数世纪以来所未曾有过的一度太平状态，却出现于大陆上。在成吉思汗的帝国里，从帕米尔至太平洋，存在着一种模范的秩序。未得可汗的许可，没有一个骑士敢驰骋于路上，敢射出他的箭矢。有人说，在大战开始前那几年，青年女子可以头顶一盆黄金从不花剌走到北京，而不至于遇到危险。

然而，这个太平状态终究是欺人的。在双方的边界上，大家都整军经武。东方的草原与西方的都市都积极动员，以互相攻击。唯有不可逾越的山岭横亘在双方中间，绵延两千余里，阻止着战事的即刻发生。

一年前，成吉思汗已经将征伐中原汉地的军事行动，交给了老将木华黎主持。这个老将军带领三万名精兵，完成了对北中国的征服。成吉思汗则将自己的大本营移至和林，希望精细地做好与西方决战的一切准备。至于哲别，自从征服西辽后，就将随时准备前进的军队屯于花剌子模的边界，成吉思汗则将主力军集中于西蒙古的荒原。战马在踏上穿越多山的荒凉地带的困苦长征之前，先在草场上休养了整个夏天，它们须在出发前先吃饱！每名兵士都预备着几匹马。军需官开启仓库，军队领受了他们出发的军需品。从麦、干肉、牛酪干等军粮，至预备更换的弓弦及背囊的材料，一切都精细地计算和准备好了。

供攀越山岭长途跋涉途中做粮饷之用的牲畜，也都已聚集齐全。燃料与草料都被捆扎成包，载在车上。大批来自中原汉地的工匠与工程师也都随军出发，他们里面有造桥者，有制造攻城器械者，有伺候火炮者，有放射火器与滚油者。

成吉思汗虽然已经做了离国数年的打算，而对于帝国的管理，他却无须挂虑。他不必忧虑国内的反叛行动，一切王公与贵族，特别是他所不能完全信赖的人，都在随军出征之列。这一次动员是根据已被采用过的强迫军役的法制，实行全员参与，在国内，几乎不留一个壮丁。遵照可汗的命令，在军队出征期间，妇女们应在国内维持秩序，看管帐幕与畜群。其实，她们早已有了自动料理应做事务的习惯。

到了秋天，可汗同其 4 个儿子术赤、窝阔台、察合台、拖雷，统率军队出发了。充其量统共 20 万人的正式军队，并不像后来若干历史学家所说的“人众如潮”。然而，带领这 20 万名兵士以及后备的马匹及辎重、牲畜，等等，差不多有 100 多万只的动物，在冬季穿过山岭地带，这简直是无法完成的一项任务，即使 20 世纪的参谋部对这项工作恐怕也要感到头疼。他们须渡过约 2000 多里的地带，这其中绝大部分都是不毛的山地，无就地取食的可能性，就连通常的路迹都不可能有。他们须穿过许多危险的山峪，及高达 3000 米的结冰的山峡，还常常遭遇冬天的可怕暴风。同这次进兵的情形相比，汉尼拔越过阿尔卑斯山，简直可以说是一番愉快的散步了。

然而，他们成功了。蒙古荒原的居民是最能吃苦耐劳的，且能耐受意想不到的饥寒的侵凌。马还可以到处找到少许草苗和树皮，并且它们生来就惯于忍饥。在零下40度的寒冷天气里，人们卷在双层皮衣里，睡在冰天雪地上，补充的粮食是野兽。如若无物可食，蒙古人则割开马的血管，吸几口热血后，又把创口缝上。可汗与其忠实徒众的铁一般的意志，振作了一切人的精神。吃苦越深，饥寒越烈，渴望敌国财富的情绪也就越加高昂了。

军队分为三路前进。成吉思汗的长子术赤同速不台带领着前锋，他们的路径是，经塔里木盆地与天山的山峪进至锡尔河河源地带。哲别则带领人数较少的军队向更南一面前进，他须经喀什噶尔的南面，沿帕米尔高原入斐加那省。成吉思汗自己则带领主力军向北经准加里关（今哈萨克斯坦东南部——译者注），沿匈奴人的旧道前进。他须穿过饥饿的沙漠与荒原进入巴尔喀什湖的南面。

摩诃末也武装了起来。他的国家是最富饶的，他的军队是人数最多的，但他却须应付蒙古人所没有的种种困难。他身边并没有平时为民、战时为兵的随时能动员起来的预备役。这些非武装人员跨上马来准备作战，显然是没有战斗力的。成吉思汗是以掠获品来充当军饷的，而花剌子模则须用饷银来付予他的军队。然后，花剌子模国内根本无现银可支。本年的租税已于前一年预先征收了，现在须再征收一次，这只会减弱人民的作战情绪。再加上此次是成吉思汗进攻而摩诃末只能采取守势的战争，即使他能够得胜，他的军队能获得的无非是不毛的岩石与肮脏的瘦马而已。花剌子模的突厥人或许是善于征战的士兵，然而，在国内，他们的自觉性不过处于半主人的地位，根本没有爱国情绪和保护自我地域的观念。在亚细亚这一区域，征服者素来是处于优势的。

另外，对于敌军的力量及其组织，摩诃末是完全疑惑不定的。他也不知在何时何处会发生敌军的攻击。他固然拥有联络后方的交通线，和许多坚固的根据地——这是蒙古人所完全缺乏的，然而，他却完全不知道该用哪种防御方法来抵御这个从天而降的敌人。东部边界的崇山峻岭缄默无声，仿佛笼罩于云雾之中。他得不到任何关于敌军行动的消息。不可知的危险等待，着实绞伤了花剌子模大营里的摩诃末的神经。

沙王原以为是来了一批以剽掠为业的无规则的敌寇，他们虽强暴残狠，但短期内就会退去，就像东方游牧民族所惯有的情状。于是，他便决定第一步先做好各都市的防御工作。当租税经再次辛苦征收上来后，几乎全数用于建筑围绕都城撒马耳罕的一个新的围墙上了，这个围墙长达五十公里。当蒙古人远在沙王的预计时间之前，突然于春天出现在花剌子模时，围墙只完成了一半，金钱等于浪费了。

幸好保障锡尔河与阿姆河地带的双重防御线已经修缮完毕。此时的摩诃末，事实上除坐待敌人降临之外，已别无良策了。

初春时节，人们向他报告说，一支人马薄弱的蒙古军由山地下来，已经到锡尔河的上游了。探马报告说，来了四万人以上的军队，处于狼狈不堪的状态，饥饿得要死。沙王以为此即成吉思汗的全部力量，他便开出人数比敌军多过两倍的最精锐的部队，前去抵御。蒙古的前锋由术赤和速不台率领，他们所处的地方离敌人的中心点极远，而且他们处于最劣势的环境——一个狭隘的山谷里，在这样的地方，骑兵是无从施展的。因此，聪明的速不台建议退兵，但术赤不赞成这个建议。术赤因其出生来历不明的污点，已经受人蔑视，他怎能在开战之初，就表现出怯懦的行为呢？尽管在蒙古人心中，巧用退却与逃避的伎俩丝毫不是可耻的行为，但在这个“私生子”看来，这个建议却是不可接受的。绝望的王子对速不台说：“以后我怎样向父亲解释呢？”

于是，战事发生了。这一仗来势凶猛，双方都有重大的牺牲。蒙古人奋勇死战，直至入夜后，双方才罢战。术赤也觉得此路走不通了，于是他在营中燃烧起大火以误导敌人，并在敌人不觉之中将军队带走了。到第二天拂晓，蒙古人全不见了踪迹。他们退兵迅速，当花剌子模方面看清这一情况后，术赤已经进入山中，离开战地已有三天的行程了。

然而，这次所谓的“胜利”对摩诃末来说，恰恰是非常不幸的。虽然自这次战役后，他对蒙古兵的勇敢产生了不可磨灭的敬意，但是，对于这些穷困的强盗，他自己以及他的甲胄齐全的战士心中，都产生了傲慢自得的情绪。他还以为已经永远地打败了蒙古人。他以爵号及显耀的服饰大赐将士，并放任军队休养于荣华之中。但除此之外，他又能做什么呢？他的优势根本发挥不了，因为他根本找不到敌人，敌人犹如钻入地里去了。

就在这时候，当摩诃末还在锡尔河上游踟蹰不决时，又传来了一个惊人的消息：在南面，差不多在摩诃末的背后，第二支敌军正向斐加那前进。这就是哲别率领的军队。

形势万分危急，摩诃末陷入极度苦恼的境地。因为，当南面的蒙古军向忽毡前进的同时，术赤的军队则由北方绕了一个弯，而开始围攻锡尔河中游各城塞。如果蒙古军突进的行动成功了，则花剌子模的防御线将失去效用，沙王的后方就将被切断了。照蒙古的进兵速度来看，这不过是时间问题而已了。

忽毡是进入花剌子模南面要道的最后城塞。这里是由摩诃末的猛将之一帖木儿灭里驻守的。他的兵力实际上不足以抵御哲别军队的进攻，然而他深晓应采取种种行动，至少可延缓蒙古左翼的前进，且可使摩诃末的军队得以从容退往锡尔河上游，而躲开被包围的危险。帖木儿灭里于是放弃了忽毡，带领少数的军队退守河中一个设防的岛上。哲别急于前进，但又不能任突厥人留在他的后面，于是在水中建筑起一道石堤，预备将火炮安在堤上，以轰击岛上的驻军。于是，忽毡城中的五万居民被迫去若干里外的山中搬运石头。

帖木儿灭里是造船载运的好手和优良的弓箭手。他们把船驶近正在建筑中的堤岸，以扰乱建筑进展。蒙古军以火器射击这些可恶的船，但却起不到作用，因为他们在船身涂抹了厚厚的黏土，以防火箭的射击。战争的牺牲必然是极重大的，但承受这种牺牲的却是普通的居民，他们身边无防御物，就这样处于花剌子模人的箭矢之下。当哲别将火炮安在堤上后，帖木儿灭里知道抵抗不了多久了，于是他率众登船，顺流而下，切断了蒙古人横置河中的铁索。无数的蒙古骑兵沿两岸追逐，最终帖木儿灭里还是趁着黄昏与重雾登陆逃脱了。

帖木儿灭里坚定而巧妙的力守，使得蒙古军拖延了几天，因此救了摩诃末的作战军队。沙王这才得以退至从不花剌至撒马耳罕的强大要塞区域：这里左面是奇西库姆沙漠，前面横着锡尔河各要塞的保卫线。他自以为处于很安全的地带。

然而，临河的各堡垒在蒙古军广大战线的进攻之下，逐渐不能支撑了。讹答剌第一个失陷了，这里的居民因为愚蠢的守将付出了生命的代价。这个守将手执兵器，要奋斗到底，但终于还是被蒙古军生擒了，他们将镕银液灌入这个罪人的耳目鼻，用这种手段来报复其施于蒙古商人的强暴行为。

忽毡和昔格纳黑两要塞在蒙古军数日的连续进攻之下，也都失陷了。每攻下一城，蒙古军队都会将这里的居民驱赶在前面走，作为进攻别的城市的掩护。蒙古人以这种办法麻痹了敌人的意志。

同时，有关失陷各都市的可怖详情，在花剌子模国内到处散播，人们都处于狼狈恐慌的状态。这或许是成吉思汗的战术之一，即严重干扰敌方的战斗情绪，使敌人处在惶恐不安之中，进而整个国家陷入混乱。

然后，更坏的事情还在后面。由成吉思汗统率的蒙古主力军，在大家还丝毫不知情的情况下，突然出现于不花剌西北面！成吉思汗绕了一个大圈，穿过了敌方认为不可翻越的沙漠与锡尔河各河口，现在他正处于敌人的背后，奋力向花剌子模的心脏地区前进。

摩诃末当初以奇西库姆沙漠来保障他左翼的计划，就这样失败了。他以为他可以靠地理上的优势来对付蒙古军，现在蒙古军却从西北面、东面、东南面对他造成重大威胁。摩诃末最能干的儿子札兰丁的计划，也不可行了。锡尔河防线破裂后，札兰丁提议缮守阿姆河防线。为达到这个目的，就必须一年内第三次征收租税。然而，当那些半出于榨取的税款正在收缴的时候，成吉思汗精巧的包围行动已经施行了，札兰丁的计划化为乌有。摩诃末的军队实力固然可以奋起抗御蒙古三支军队中的一支，但不幸的是，他们却处于瓦解的现状中。沙王将他最后的军队丢弃在正受到威胁的不花剌及几个要塞，这几处还做着一番抵抗，他本人则驻于撒马耳罕，踟蹰不定，忧惶无主，下不了决心。

最终，花剌子模的战线破碎了，全部的防御组织都被放弃了。正是沙王自己游移不决的态度，促成了全国与军队的精神沮丧。不信任军队指挥部的情绪开始产生，且传播日广，从前上层突厥阶级与伊朗、印度、欧罗巴系人民的对立情绪又表现出来了。驻防军与居民之间的意见参差，使得各都市的一切防御工作都不能振作有力。掩护城市的堡垒一般都是由突厥骑兵驻守，他们要求开门决斗，要在旷野中决出胜负。这种闯开出路的计策得不到居民的赞同，结果自然是不能实现了。这样，城市与驻军的命运自然就注定了。

奇怪的是，摩诃末不曾打算过对敌方各路军队予以各个击破。如若那样做，他还有几成胜算。然而，他已经非常不信任自己的部众了，他以为将各处军队全部集中起来，将危害他的宝座与性命。的确，蒙古人曾在摩诃末的家族中搬弄是非，且已经奏效了。成吉思汗使人伪造沙王母族派系的书信，且故意将这种书信送到沙王手里。

成吉思汗进兵包围不花剌没有遇到任何抵抗。2 万人的突厥驻军突围出走。蒙古军故意让他们先通过，然后从后面追逐，把他们包围起来后屠杀殆尽。不花剌几乎失去了一切守卫者。成吉思汗就这样进入了这个被人称为“伊斯兰的罗马”的华丽都市。而现在，他创立了一个榜样。

为向世界表现其威力，成吉思汗以一种致命的手段来打击这个亚洲伊斯兰教的中心。他骑马进入美丽的大清真寺，在铿锵的刀声中，头戴皮兜登上高台，他高傲地发表了令人震撼的演说。同时，为了报复摩诃末的行为，成吉思汗允许军队自由行动。混乱的局面持续了很多天。

但如果我们认为这种残酷举动是宗教迫害政策的过度行

为，那就错了。成吉思汗在信仰问题上所采取的放任政策与宽大精神，是无可怀疑的。这种政策与精神恰是他立国的思想基础。他在不花剌的行为是出于纯粹的政治原因。伊斯兰教是一种政治势力，现在他必须扑灭它的这种地位，必须打倒至高无上的教徒贵族阶级。花剌子模君主的权威正是来自于这一阶级。成吉思汗在对不花剌人民所发表的一篇演说里，将一切错误、一切罪过都归咎于阶级的诸领袖身上。他要扑灭教徒的势力，以建立非教徒的势力。于众目睽睽之下指出教长及其宗教的无力后，他唤起人民，以求动员全民族的一切力量。他所进行的反对伊斯兰教的斗争，相当于他的同时代人物腓特烈二世在欧洲反对罗马的斗争。

成吉思汗自己并不曾参加他下令进行的狂欢作乐。他只在不花剌城中逗留了三个小时，随后就向前追去，想在撒马耳罕擒获摩诃末。在他身后，不花剌城在大火中燃烧着，只有那个唯一的大建筑物大清真寺矗立于地上。城中居民被驱赶到郊野，并被分配给各军队。富豪受到拷掠，直至他们指出其宝藏的所在地。贵族的漂亮妇女则成了蒙古骑士的战利品。许多俘虏因为不忍目睹他们的妻女受辱，而自杀于看守者的刀锋之下。

另外两支军队在沿河各城陷落后完全可以自由前进了。得到可汗的召令，这三支兵马如怒潮一般拥至撒马耳罕。他们将好几千名俘虏驱赶在前面，作为攻城的工具。

各城市在极度的恐怖中，也曾开门出战。然而，这丝毫不能阻止居民的自愿投降，他们还携带着珍宝战战栗栗地前去迎接侵略者。经过战争的洗礼，大都市的繁华已不复存在，残迹上蔓草丛生。此后，这地方变成了荒原。

花剌子模最美丽省份的地狱生涯似乎开始了。成吉思汗的骑士在短短几个月中，得到了“非凡的人物”与“不可制伏的魔鬼”的名望，并在后来的斗争中获得了这种名望的好处。这些蒙古荒原的穷苦孩子，在好几个世纪中都曾不胜羡慕地梦想着远方的财富与乐园，现在终于到了这样一个富裕无比的地方了。那时候，撒马耳罕省是一个举世无双的华丽花园，到处是菁林、花圃和白色的别墅。因而，亚细亚的骑士们便沉溺于凶残的迷醉与破坏的癫狂中了。

不久后，这个省成了一堆灰烬。战争使许多无辜者失去了家园和生命，很多地方都成了危险的疫疠中心：鼠疫和伤寒症夺取了逃避于地窖以求免于浩劫的少许遗民的生命。从前历尽艰难设立的灌溉工程，需要不断地维持，现在则损废了。沙砺和干旱历来是亚细亚文明里伺隙而动的敌人，现在则侵入了这个地区。到今日，已经过去了七百余年，那一带还不能从当时的疮痍中恢复过来。荒原克制了文明，游牧民族的幻梦竟在从前富庶昌盛的一大片土地上成为了事实。

当蒙古军迫近撒马耳罕的时候，沙王已经离开了都城。在无比的狼狈无措之下，他要求人民放弃抵抗斗争。都城里的人们觉得沙王趁雾夜出走是一种误国的行为，但实际上，撒马耳罕的新防御工程只完工了一半，根本不可能守住，因而才不得不开门投降敌人。结果，曾聚居了 50 万人的撒马耳罕被涂炭得不留一片完瓦，人民流离失所。

就连 20 头大象也落于征服者手里。蒙古人从来没见过这一类畜生。“它们吃的是什么？”成吉思汗问道，“是肉呢，还是草料？”“是草料。”有人回答说。于是，这 20 头大象便被赶到荒原里，在那里惨死了。它们怎么可能用它们的长鼻拔下短短的草呢？

受人厌恶而被人从墙上抛掷石头的摩诃末，带领几个忠实的徒众起初先向南方逃遁，想由兴都库什山峡到达现在的阿富汗。但是，当看见蒙古兵迅速行进试图切断他与西部各省的交通后，他便变更了计划，改向西方前进，即向伊拉克方向逃去。他希望在那个地方，即他的广大国家的另一端，寻得安全。

可是，他低估了蒙古人的进取精神。成吉思汗丝毫没有任他这个死敌逃脱的意思。他迅速召集军事会议，决定让哲别与速不台带领两万人，去担负这个特殊的使命。成吉思汗的命令是，不管沙王逃到何方，都必须跟踪追击，活要见人，死要见尸。至于军事行动的具体细节，这两个将领可自由裁定。

这个使命正是这两个将领的强项。哲别与速不台立即跨上战马，带领他们的精锐军队出发了。这两万骑的兵马前后不间断地奔波了两年：这是历史上空前未有的惊人的奔波！在这次逐鹿行动中，他们贯穿了 40 度的经度与 20 度的纬度，每天行进150公里。他们穿过十几个从来没见过蒙古铁骑的国家，打下了许多城市，打败了许多支人数超过他们的军队，打通了许多个沙漠、湖沼、富庶的省份、不知名的山岭，拖着马尾渡过了许多条江河。他们征服了许多大国家，还摸清了这些大国家的人口状况，记载了桥梁、道路以及矿区的分布，设立了许多行政长官。他们仿佛始终处于癫狂状态，将这种恐怖一直带到了欧洲。两年后，这两万名骑士满载了不可胜数的掠获物，在他们无可比拟的首领的带领下，全部安然地回到蒙古了。惊惶失措的亚细亚人与欧罗巴人都认为他们是上天派下来的人物，悲哀地认定他们是凶神，而其实他们不过只有两万人。但是这两万兵士都是那么有决心的人，他们到达那些力量胜他们百倍的国家，既不通语言，也不识路径，但他们是上亚细亚沙漠的骑士，他们心中沸腾着成吉思汗的理想，犹同磁石作用似的被光耀的远方所吸引，在未达到地面的终点前，他们是不会下马的。

被穷追不舍的摩诃末穿过波斯花剌子模王国的西部各省，来到了巴尔赫。在这里，他费了一年多的工夫来预备抵御蒙古军的攻击。哲别与速不台将军队分为两支，分途前进，以便更容易防避波斯军队的袭击。同时，他们每速攻下一个城市，都会将其焚毁掉。被追踪的沙王只得将国家的重宝送到敌人手里以求和。廉洁的哲别从容地将宝物点算好，并当着证人的面前封好，随后就将这些战利品呈献给成吉思汗。濒于绝望的摩诃末为隐匿行踪，将能想到的狡计都使用上了，可是，蒙古人依旧像蛀虫似的黏附在他身旁。他的颈边总能感觉到蒙古马口的热气，耳中时时听到蒙古箭矢的声音，为了逃命几乎连吃饭和睡觉都顾不上了。

最后，这个孤独的逃亡者终于到达了里海岸边。当他在一个清真寺里祈祷真主保佑的时候，蒙古的前锋突然袭来。他跳上一只偶然准备的渔船，在万箭齐发之中侥幸脱身逃走了。岸上的骑士跃马入海，企图泅水追上他，但数百名冒险者都被淹死了。

摩诃末登上了里海的一个小岛。他染上了痉挛病，疲病交加，在那里度过了他生命里的最后几个星期。他，“真主的幽魂”，自命为人间最富有的人，亚、非、欧三大洲所恐惧的最伟大的沙王，最后沦落到只能靠小岛上的渔民与农民的怜悯与缄默得以生存。他感谢他的恩人，因而将大批的尊号与荣誉职务赠予他们。这种赠予当然不过是纸上空文。这批新行政长官、新大臣们必须自己制作受封的文件，因为沙王甚至连雇用一名书记官的力量也没有了。

死前不久，他还遭受了最后一个打击：他的家族以及他的全部妃嫔都被敌人掳去了。摩诃末的母亲在蒙古汗的宫廷中度过她的残年——命运残忍地让她长寿——蒙古人恩准她每天捡取成吉思汗桌下的饭粒以果腹。

几个星期后，当摩诃末死在岛上时，他甚至于没有一件衬衣来掩盖自己的尸体。

哲别与速不台在里海岸上扎营过冬。他们完成了追击摩诃末的任务后，立即向成吉思汗请求新的任务。他们得到批准："将从前匈奴人与突厥人统治过的一切地方，都置于成吉思汗的统治之下。"这个行动纲领的利益可是不薄的：是可以令这两万人拥资坐食的。

冬季里，这两位将领突然拔营出发。他们先发制伏了美索不达米亚联军，这支联军里甚至包括了巴格达的哈里发。在蒙古铁骑征服了亚美尼亚与佐治亚（即谷儿只——原注）后，人们以为他们将转头对付哈里发。此时的伊斯兰，东面受蒙古的侵凌，西面受十字军的威胁，已经是濒于绝望之地了。可是这一次，巴格达的危机还是过去了。因为成吉思汗的将领突然改变了计划，转而向北面前进，以完成其业已开始的征服大业：德黑兰、提弗利司、塔布里士，所有阿哲尔拜占一带的都城都落在了他们手里。面对这些仿佛从地狱里冒出来的蒙古人，这一带的定居居民比突厥人更加惊慌失措，因为突厥人至少还曾见过蒙古人的征服行为。面对这些"不可抗御的魔鬼"，文明化较高的这一带人民仿佛陷入了一种迷信的恐怖状态中。亚美尼亚的历史学家曾战栗地叙述道：在侵略者的队伍中，甚至也有女人加入争斗，我们几乎看不出她们不同于男人的地方。特别不可理解的是，这些蒙古人宁可死也从来不投降。如若他们受到了包围，他们便从马上奋力跳下，把自己的脑壳摔破在石头上。

哲别同速不台并不仅仅是以武力征服高加索（即太和岭——原注）南部的地方，他们规规矩矩地吞并被占领的区域，设立了行政官与收税官，派有名望的亚美尼亚教长记载矿产的种类及数目，山川以及道路、桥梁的分布，等等，他们甚至还做了真正的调查户口工作。

在这一小支蒙古军队短期逗留过的各区域里，蒙古军所留的印象经久不曾磨灭。虽然这一小支军队与驻扎东方的蒙古大军的联络是极其松弛的，但那些区域的居民在军队开走之后仍不敢作叛变的企图——只发生过一次叛变，但并没有成功，且受了极严厉的责罚。所以，几年后，当成吉思汗及其子孙们围坐于和林的绿棹边，接受呈献在他们面前的各处土地时，他们看到了哲别与速不台及其两万骑士的卓著功绩。

次年初，蒙古军队穿过了高加索。他们完全不熟悉这个多山地带的地形，便用一种极其简单的方法来寻求向导：好言邀请各部落的王子派遣使者前来。等使者一来到，他们便以严刑逼迫使者引导蒙古军队穿过山谷。有时，他们会杀了其中之一以儆效尤。这样，哲别和速不台得以安安稳稳地穿过高加索的冰天雪地了。

在群山的另一面，俄罗斯（时称斡罗思——原注）南部的广大荒原里，有个钦察国。钦察人是乌拉–阿尔泰系的游牧民族，与蒙古人有着血统关系，他们是因过去的民族迁徙而来到东欧平原的。钦察从前是匈奴族国家与突厥族国家的一部分，但由于他们皈依了伊斯兰教，遂在蒙古人眼中成了叛徒。现在，他们必须被重新置于成吉思汗的合法主权之下。

蒙古兵的进攻并没有令钦察人感到惊慌。花剌子模强国瓦解的消息传到了钦察人耳中，他们原以为东方的敌军会从西伯利亚南部荒原攻来，而没有预料他们会从高加索来。因为自远古时代以来，游牧民族都是这样从东方来到此地的，钦察人也是如此。所以，当哲别和速不台由高加索山峡下来的时候，钦察人简直惊愕无措了。

没想到蒙古人表现出了极其和平的态度。他们提起了从前的血统关系，而且提议与钦察人结盟。钦察方面起初则迟疑不决，继而来谈判，而将整理军备的工作停顿了。这正是成吉思汗的将领所期待的。他们突然袭击了惊愕万分的敌人，对方瞬间便遭受惨败。

钦察人于是寻求外援，呼吁俄罗斯诸王来助。面对这共同的危机，他们与旧仇人彼此联合了起来。于是，由俄罗斯人、钦察人共同组成的一批十万人的队伍聚集在了北方。蒙古人的力量与之相差了五倍，而且，现在濒于狼狈的状态。

因此，蒙古军精明的将领与他们进行了谈判。他们先前已向钦察人提起过他们共同的祖先，借此来打击俄罗斯人。现在他们又诱使俄罗斯人相信他们蒙古人事实上是基督徒，他们只信仰唯一的上帝，并因宗教信念的不同而与摩诃末发生战斗，所以，俄罗斯人应与蒙古人联合起来打击信仰伊斯兰教的钦察人。可是这一次，对方没有相信，他们的智谋失败了。于是战斗便无法避免了。

在人数占优势的敌人面前，哲别和速不台采取了灵活的战术。战事每天都似乎一触即发，但蒙古人总是在最后一刻有秩序地撤退了。他们具有高度的机动性，使得他们有余暇选择退却的时间与方向。这样，他们便可将敌人诱至对他们有利的地带。

在渡过一条低洼的河流后，蒙古兵突然停止了撤退，此时的敌军正半渡这条难涉的大河。由于好几个星期以来，他们惯见蒙古兵向后退却，因而并未采取稳妥的渡河步骤。此时，蒙古兵出其不意，予以迎头痛击。他们的动作疾如雷霆，顷刻间，敌军便全部瓦解了。经蒙古兵答应保全其生命后，十几个俄罗斯王投降了。但是哲别和速不台认为，对他们丝毫不必顾惜。这些俄罗斯人支持了钦察，参与了骑士民族的内部事务，因此成为自作孽的罪人，得到了残酷的结局：他们被当作木板底下的垫子，战胜的蒙古兵则在木板上面以酣歌狂舞取乐。

1223 年上半年，哲别与速不台纵横于俄罗斯的中部与南部，战火不断。1 万多户的钦察部家族被迫向外移居到东罗马帝国。于是，欧洲第一次听到了有关成吉思汗帝国的模糊不清的消息。钦察人来到东罗马境内，顿时使人回忆起当初日耳曼人为逃避阿提拉而投归他们的情形，于是东罗马人仓促地武装起来。蒙古人也成了当时拜占庭社会的时髦话题，甚至有人说他们长着像狗一样的头颅，还说他们吃人肉。

那个东方的游牧部落下一步要转到哪里去呢？匈奴族的又一波占领狂潮似乎要汹涌澎湃地来临了。可是，成吉思汗的一篇诏令于 1223 年年底送至前方军队手里。成吉思汗的主力军已开始从印度边界开拔回蒙古了，哲别和速不台也必须跟着回去。他们遵命退兵，但在经过居于窝勒伽河(今俄罗斯境内伏尔加河——原注）中流的布加尼亚（不里阿耳——原注）民族时，他们突然迅速袭击了这个民族，迫使其向蒙古称臣纳贡。

成吉思汗的将官实在令他太满意了。他们吞并了一大块土地，而两万兵士并没有遭受重大损失，且带回了无数的战利品。而其中最重要的收获则是，他们掌握了一批有关西方远国的政治与地理情况。这便为未来的出兵提供了根据。在军队集中于一地后的几个星期中，人们时常能看到，仗其宝剑从高丽一直征服到波兰边界的老速不台与可汗并骑前行，速不台向可汗陈述远国的种种奇异之处，可汗则高兴地静听着。

将军还说道：“到处都是我们种族的人，尽管有的是异教徒，摩诃末的信徒，但终归也是与我们有血统关系的。您，作为一切骑士民族的领袖，可以立意完全征服他们。我们到处能发现您的伟大祖先阿提拉的遗迹。再往西去，在我们不幸没有时间去征服的一个国家里，有一条河叫多瑙河，那里从前有阿提拉的堡垒，有人证明，他的后裔至今还生活在河的两岸。”

成吉思汗牢记了速不台的话。这些话证实了他觊觎世界统治权的合法性。他要使他的祖先曾在多瑙河建立国家的传说成为事实。经过讨论，第二次出征的计划便这样确定了。

历经两个世纪之后，欧罗巴就要感受到那个伟大构想下的征战了，这正是成吉思汗与速不台这两个骑士在亚细亚腹地的荒原里反复谈论的结果。

当年哲别与速不台在里海周围建立奇功之时，在南方，成吉思汗也在活跃着。占领河中省后，他将军队分为数路。由他的诸子带领的各支军队则灭了肥沃的呼罗珊省。1221 年春天，在后备军畏吾儿部的请求下，成吉思汗任他们回到故乡，他则带领其余队伍屯在山中过夏。蒙古人大享胜利的果实。他们大开围场，然后做各种马上的游戏。场中充满着男女奴隶，满载战利品的货队一批一批地开往蒙古。队伍中还跟着成千上万的工匠，他们是从俘虏及被特赦者中挑选出来的，今后将由他们把西方的工艺移植到东方的荒原里。当他们向东方走上奴隶的命运时，途中偶遇了前往西方的汉人与畏吾儿人官吏，后者是应可汗之召，到花刺子模管理这些被吞并的地方的。经过两年征战，大战似乎要接近尾声了。

然而这时却忽然发生了札兰丁领导下的流血叛变——自父亲摩诃末死后，札兰丁曾将国内的青年聚集起来使其追随他的左右。这是当地人民进行的绝望斗争。于是蒙古驻军被赶走了，官吏被杀害了，若干小堡垒也收复了。刹那间，蒙古军的功绩遭受了严重的破坏。尽管作为宗教最高机关的巴格达的哈里发依旧缄默无声，但伊斯兰人民已经喊出“圣战”的口号。

成吉思汗立即认识到，唯有一番迅疾而无所顾忌的行动才能安定这个局面。他立即发布命令，摧毁一切的暴风就这样由荒原刮到西亚细亚来了。可怕的惩处措施蔓延至与叛变无关的各城及各区。马鲁、也里、讷萨、里克波儿这些大都市都成了一片焦土。这是一次火与剑的战斗，叛乱的火苗迅速被扑灭了。

当火与剑不能奏效的时候，他们则改用水攻。河流被迁回旧道，以淹没各城的余烬，并灌满了地底。田园有计划地被破坏了，畜群被掳去了。在若干地区，直至一年终了，狗、猫、鼠都是当地人的唯一食粮。疫疠流行各地，甚至出现了人吃人的现象。

波斯历史学家认为，幸免于灾祸的人数最多占总人数的1/10。这个数字不免有东方人的夸张之处，但总而言之，700年的时间都还没能治愈这些地方的疮痍却是事实。一个中世纪的文化中心变成了一片荒芜。

这并不是征服者凶残的疯狂行为，他们只是严格执行冷酷无情的政治家成吉思汗的命令。经历了穆斯林叛变的教训后，可汗立意要消灭花剌子模的最后文化痕迹及城市成果。由此，这个地方变成了荒原。在可汗眼里，唯有荒原才是他的民族永久统治的稳固基础。

这个年事渐高的人物一面认定征服世界根本不在话下，但同时也承认，虽征服了这些地区，但一切仍未成功。这时或许是他一生中最苦恼的时期。因为，若要使他的民族保持统治权，那就要从根本上改变这个世界，但这唯有上帝才能做到。

成吉思汗心想，大地是广阔的，哲别、速不台驰骋了两年，他们也还不曾达到终点。然而，蒙古民族人数并不多，他们的力量也并不是消磨不尽的。即便一个蒙古人杀了1万人又有什么用处？人类又将从沃土上生长起来，他们像耗子那么多！此时的成吉思汗对实现其梦想的可能性或许产生了激烈的疑虑。障碍越叠越高，高得像近在他身边的喜马拉雅山。对一个生命将近黄昏的孤独人物来说，困难未免太多了。

在这几个月与文明地区的酷烈战斗中，就宗教话题，成吉思汗曾与伊斯兰教的神学家有过一次奇异的谈论。在这位征服者的一生中，这是一次怪事！他在即将扑灭伊斯兰精神时，竟忽然想弄明白这个宗教的要旨。他静静地聆听长老的讲解，心想那里面的确包含了许多发人深省的道理。然而对麦加朝圣这件事，他却不能理解：人们信仰真主，不是随处都可以吗？

这位伊斯兰教长老很勇敢，他对成吉思汗做了一番伦理的忠告。成吉思汗并不是一点儿也不感动，但他回答说："我有过许多残忍的行为，我杀死了不可胜数的人，但并不晓得我做得是否有道理！"随后，这个老人恢复到原来的面目接着说道，"然而，不管将来人们怎样议论我，我是不会在乎的。"

即使有时他感觉没有达到目的的希望，即使他对大开杀戒是否有效产生过怀疑，在关于他的主张是否有理的问题上，他是绝不心生疑虑的。一道电光打到地上来焚了人，电光也经过思考、也存在是非吗？他自己不就自称为“上帝的祸魔”吗？

花剌子模叛变被铲平了。只是札兰丁没有被捉住，他还在南部聚集了力量相当雄厚的队伍。他甚至突然进攻了一支力量薄弱的蒙古军，这支军队是没有经过充分准备而从兴都库什谷口追踪札兰丁而来的。战事发生于今阿富汗都城喀布尔附近，蒙古军损失了 3 万人。这是花剌子模方面在此次战争中所取得的唯一的胜利。

可汗亲自带领全部军队赶来。败阵的将军战战栗栗地向他报告损失了 3 万人，但成吉思汗竟没有责备他。成吉思汗亲临喀布尔阵地，冷静地指出将军所犯的错误。这就是成吉思汗永远得兵心之道。

札兰丁的军队则是另一种情形。他的友军——阿富汗各王子们因为一匹蒙古马而大起争端，结果有几个王子愤愤不平，带领他们的队伍走了。札兰丁不能不撤退，但遭到蒙古军的疾追，他们竟能数天不下马鞍，军中也不炊食。最终在接近印度边界的申河上，花剌子模人被赶入了绝地。

地理环境对札兰丁还是很有利的。他的阵线一面临于河边，另一面则倚靠陡峭的山岩。两军激战中，有好几次花剌子模方面都占了优势，但到最后，成吉思汗以其常胜的突袭策略终于取得了胜利。他以一翼军队冒着极大的危险，进入掩护着花剌子模军的侧面的谷口与山巅，进而冲至花剌子模军的背面；而在印度河上行动的另一翼军队，则稍为向后退却。如此，札兰丁的整个阵线就被颠倒过来了，他们被逼到河边，几乎全军都淹死在河里——他们只能在河水与蒙古刀之中挑一条路。札兰丁从八米高崖跃马跳入水里，而渡到了对岸。成吉思汗的部下要追过去，但成吉思汗阻止了他们。他对几个儿子说："你们应该有像这个人的后人！"

第二天，他的一部分军队继续追击札兰丁，进入印度境内。蒙古军进入旁遮普省，直进至德里附近。但他们无法找到札兰丁。若干时日之后，这支队伍不堪印度的酷热与浊水的侵凌，终于无功而返。

出兵四年，成吉思汗燃起的战火遍及整个中亚细亚，消灭了一个强大的国家。至此，帝国的疆域已扩大为自太平洋以迄波斯湾，自西伯利亚冻冰的沙漠以迄印度荆棘地的广大区域。身为这个大帝国的无可否认的拥有者，成吉思汗现在决意回到故土了。这时的成吉思汗已经是61岁的老人了，他放弃了寻觅长生不老药的希望，并开始遭受怪梦与预兆的纷扰，他想回到故乡荒原的光明与凉爽的空气里。他还有许多事情要去整顿，许多行动要去施行，他期待着将来他死后，他的儿子能够跨上马鞍，完成他未竟的征服事业。

第八章
充满神秘的暮年

截至波斯战争结束之日，成吉思汗的人生在我们眼中都是极其清晰的。虽然亚细亚人常喜欢故意将神话与象征性的故事加诸于那些英雄人物的身上，但成吉思汗伟大而质朴的本来面目却丝毫不会被更改。然而，他人生的最后一段却盖上了一层模糊不清的暗幕。奇怪的是，当他的生活越迫近亚细亚的核心，即神秘的青藏高原时，这个黑幕也越来越厚了。

截至波斯战争结束之日，成吉思汗的人生在我们眼中都是极其清晰的。虽然亚细亚人常喜欢故意将神话与象征性的故事加诸于那些英雄人物的身上，但成吉思汗伟大而质朴的本来面目却丝毫不会被更改。然而，他人生的最后一段却盖上了一层模糊不清的暗幕。奇怪的是，当他的生活越迫近亚细亚的核心，即神秘的青藏高原时，这个黑幕也越来越厚了。佛教与喇嘛教以其传说的晕影，掩盖了他最后几年的生活。西藏的宗教还终将在某一天成了他的帝国——最实在的和最具体的帝国——的真正战胜者。

从可汗叩开西藏西部的门户之日起，就有一些奇异的事情发生了。直至他踏上这片禁土的东域，神秘地死去，这些奇异花样才告终了。即使奇异花样在传说中被添加了众多的花絮，而且那些机智的喇嘛后来为故意掩盖黄教战胜蒙古刀剑的事实，还编织了那些传说的种种征兆，但在蒙古史的深邃意义上，那些奇异花样实则隐含了有形的种种假设所不能提供的真相。

1223 年初，成吉思汗计划越过印度、克什米尔山谷，并逾越西藏，然后回到蒙古。这虽是最直接的路径，这个计划却终没有实现。蒙古军仍由来路归去，重新由西北面围绕“世界屋脊”走来。或许是因为西藏高山的路径过于艰难，或许是因为成吉思汗惧怕印度的烈日——北方的健儿在这种烈日下会深感呼吸困难，或许他想再度在波斯民族面前展示他的武力。总之，最终他决意改变了计划。不管实际原因如何，传说则留下了这样一种解释：

当军队经过印度登到山峡上时，可汗遇见了一头怪兽。兽身绿面有光，头顶上生着一只大角。它的眼睛发出钻石般的光芒。它口里说出人言，开始同这位世界的主人翁说话。它对他说，现在他征服屠杀得够了，应该停止战争回到故国去。成吉思汗深受感动，遵从它的话，下令撤退军队。

这个怪兽除象征佛教之外，还能象征什么呢？——后来就是佛教改变了这些野蛮孩子的唯物的、好名好利的本质，并教导他们作潜思默想！除了佛教，谁还能口里喊道：“够了！”并禁止这个世界的主人翁进入菩提的境内呢？

就这样，蒙古军不向印度与西藏高原前进了。军队转而向北走。他们带了10万多俘虏同行，本来是预备围攻印度各城时使用的，现在则支使这些俘虏收获大量的米谷，以供给军队数个月之用的给养——因为军队须经过被他们亲手弄成荒地的各区域。随后，这10万多的俘虏都被疏散了，因为他们此后没有用处了。军队经阿富汗、呼罗珊及河中省，慢步回国，沿途作了长期的休憩。

在锡尔河上，成吉思汗盛大地检阅了他的军队。营帐相连至数十公里。征服地的各长官、臣服纳贡的各王公、各盟友，从四面八方来向可汗致敬。大地 1/2 的代表都聚集于可汗绯红色的帐幕前。纵使在亚历山大与阿提拉的时代，阳光也从来没有这么强盛地高高照在一个人的头上。

唯有一个人不曾服从至高无上的可汗的命令：他的长子，即私生子术赤。在大会上，大家没有看到他的踪迹。自从有一次他与其兄弟发生争执后，他愤愤不平地退居于帝国北部，到现在已经有两年了。尽管成吉思汗并不能确信其亲生父亲的地位，但他对自己的这个早期出生的长子是特别爱惜的，因而答应将哲别和速不台所征服的各地分封给这个儿子，以慰藉后者的伤痛。可是现在，这个无情的儿子竟不应召来到父亲身边。或许他忧惧于和他的兄弟相遇——他的几个兄弟嫉妒他提前掌管北方几省，或许他的傲气使他不耐烦与其近亲晤面，总而言之，他的缺席着实严重损害了成吉思汗作为家长的权威。或者至少他在征服新的地方，来巩固他自己的势力呢！可是，术赤血管里流着蔑儿乞族受人蔑视的血液，他厌恶治国与打仗之道。他是一个爱独居者、一个幻想者，他能够单独一个人在西伯利亚的荒原里打猎数星期之久。他的缺席是他父亲的快乐酒杯中的一滴苦水。

但是，成吉思汗默不作声。在这个星期里，他心中还有着更大的忧愁——40 年来忠心服侍他的老将木华黎，现在死于中原了。在弥留之际，这个忠臣还自恨不能将中原全部送到主人跟前。成吉思汗感觉孤单了。他的那批马上老同伴、少年时代的朋友，从来都是优秀的。新的一辈，即少年王公、年轻将官这一辈，怎能负担得了这大事业并继续干下去呢？

典礼以在哈剌契丹的群山中围猎来结束。这时术赤却送来了他的贡献——几千头的熊、狼、鹿，用以增加围猎所获的野兽。

那类围猎至今仍在蒙古举行——虽然范围没有那么大了，常常引起欧洲人的惊异。它最能表现游牧民族的习性与生活状态。1224 年，全部军队都参加了这次大围猎。围猎行动像作战一样经过严密计划，前后历经两个月，参加的人数在 10 万以上。在一块直径达五六百公里的地方上，先自中央建一座奇大的栅栏和土墙的围圈，四面八方全被包围起来，仅在围圈上开出几个门。人们则从四周向中心点前进，逐渐将圆圈缩小。没有一只野兽能够藏匿起来，或免受猎人的注意，更不要说逃脱了。在那些不可通行的地带，阻人前进的障碍物往往层出不穷，军官们须尽一切努力以防止围圈有缺口的地方。下命令及负责报告的差官则左右奔驰，指挥援军派往必要地点，指挥设立交通设施，调整前进的速度，等等。

两个月后，圆圈缩小，绕在中央围圈的四周。一群穷急而骚动的麝、野驼、野牛、鹿、熊、狼、虎，在猎人的包围之中跳跃奔腾。这一堆咆哮着拼命逃跑的动物从各门洞被赶入围圈里。这是最困难也是最令人兴奋的工作，尤其是这时候还严厉禁止杀死野兽。到所有野兽都被赶到围圈里且各门洞也都关闭后，狩猎才真正开始：其实不过是一次屠杀行动。

可汗与其诸子首先进入围圈里。身上仅携带刀枪弓矢，站在惊骇发狂的一大堆兽群里，绝不是没有危险的事。等到君主杀死了相当数量的野兽后，他登上山冈上预先准备好的一种看台，在那上面观看猎兽的开展。这时，蒙古人按照他们的等级，为首的是各王公与万夫长，继之以下级将官，最后为普通士兵，一一进到圆圈里。在高台上，成吉思汗颁给赏罚，他也可由此看出部下的才能与果敢。

等这些狩猎狂得到满足后，老人及还在童年的王子进至台前，请求恩赦还存活的野兽。于是，可汗便会恢复剩余的野兽的自由，使之能重新繁衍，以便来年再举围猎。8 天的欢宴之后，这个典礼算结束了，这是蒙古民族最炫目的典礼。

在和平时代，这种围猎在秋天举行；如果在年中的其他时候举行，野兽就被完全保留起来。就其组织与范围上说，这种猎兽举动是举世无双的。它不仅是为了让蒙古人采办鲜肉及干肉，同时也是一个民族大典、一种运动、一种秋季操练、一种大规模的阅兵。在其法典里，成吉思汗特别指出，狩猎是一种军事训练。如有男子不能出兵打仗，他们就应专做这种运动。蒙古人有着与其围猎方法完全一致的作战策略。敌人与野兽是没有大区别的，唯一的区别是，敌人不得享受一季的休养，他们的繁衍生息是不值得顾虑的。

经过 4 年的战争后，这支胜利之师离开征服的各省，踏上了返国的征程。上亚细亚的游牧民族不仅征服、摧毁了一半的世界，且在臣服的地方设立了行政机关，这在他们的历史上是第一次。这一次，荒原的孩子并不是一去不归，也不想在那些地方寻觅新的祖国，蒙古族的发源地仍为这个宰制世界的新国家的动脉中心，这是成吉思汗的明显意志。他没有将帝国的都城设立于北京或撒马耳罕，而是设立于旧突厥的沙漠都会——和林。他不愿意离开荒原，他要使整个世界都变成荒原。他所领导的不是广众而无纪律的游牧部落。这些部落受了严格的训练与领导，根据一种新的理想，缔造了一个新的强国。

在成吉思汗之前，上亚细亚已经产生过许多强大的征服者。但他们手里只握着利剑，而成吉思汗则拥有了一种更有力、更恒久的东西：大札撒。他不愿只是做一个世界的征服者，他还想做世界的立法者。他要在被颠覆的与遍染鲜血的大陆上，尽快以法理代替恐怖与专制。他的行动所产生的结果是那么有力，以至在两年后，当札兰丁企图煽动他父亲的遗臣来反抗蒙古人时，他只能到处遭到拒绝。

成吉思汗及其法典对世界的统治未能维持百年以上，这应由他的诸孙负咎。因为他们轻率地违背了札撒克，他们以为祖国就在他们感觉惬意的地方，而不是在他们的祖先打下创业根基的地方。成吉思汗返国的几天后，曾说出了这段酸楚而带有预言性的话：

“我们的子孙将身着锦绣，居于富庶的地方，怀拥美女，他们再也不会回忆我们这些帝业创造者当初是怎样的无衣无食，怎样的备尝艰辛了。”

老可汗到达蒙古边境时，拥抱了他的孙子忽必烈，即他的爱子拖雷的孩子，心满意足地对人们说道：“你们留心这个孩子说的话，他天生聪颖啊。”

这一句话，正如成吉思汗的一切肺腑之言一样，立刻传播开来，后来有世界历史性的重要力量，使得小小忽必烈有一天得到了人间最有权力的宝座。忽必烈是蒙古帝国的第三代君王。在他的时期，蒙古帝国的兴盛达到了最高峰，在地球上放出最夺目的光彩。可是，这位可汗同时也种下了帝国倾颓的根苗。他将都城移到北京，并在那里于大汗的尊号外，又取得中国皇帝的尊号。当初成吉思汗那样喜欢蒙古荒原上的草，秉着孝道，忽必烈后来曾将其种于北京皇宫的一所小花园里。忽必烈将它指给来宾看，说道：“这是朴质的草，使我们强大的就是它。”然而，他仍继续住在禁城里，艰苦的过去不过成了荒淫无度之中的古物、陈列所里的一段小说而已。

成吉思汗由波斯一回来，对未来的忧虑就迫使他必须制订帝国的法规并缜密考虑皇位继承的问题。头一步他须先注意术赤，那个使他不放心的孩子。虽然命令连续下达下去，但术赤借口身体不适还是没有来到他面前。然而，派往北方的使者却回来报告可汗说，他的大儿子身体很好，正在打猎呢。

这就是叛变了！叛变行为最容易发生于巩固国家与奠定未来根基之时。可汗不能再忍耐了，现在他要亲自出兵。如若那是真实情形，他就要用武力使这个逆子遵循道理，并严处以示警。当他正要出发的时候，却得到了术赤死亡的消息。

这个消息给了他这个父亲极其沉重的打击。成吉思汗退居他的帐里好几天，不接见任何人。报告术赤身体无恙的使者因妄语而被砍头了。可是，他的确妄言了吗？他所说的遇见术赤的事实，是他造的谣吗？这个谜至今没有揭开。如若他说的是真话，那么，术赤的死就如同他的出生一样，同样是惨剧，同样被盖上了黑幕。因为假如术赤的病果然是假装的，他果然是在做他的唯一嗜好——打猎消遣的话，那为什么他的死恰好发生在父亲忿恨得即将要去征讨他的时候呢？这是他的自杀行为，还是被恨他的几位兄弟施以了毒手呢？而假定使者确实说谎了，术赤确实病了，那么，那个假消息只是他的几个兄弟造出来的，他们是常常诬毁其长兄的。使者被迅速杀死以灭口，这个事实也值得我们注意。可汗对蒙古人确实严厉，但他并不是不公道的。这个事件始终是一个谜。后来术赤的后人与术赤诸弟的后人互相仇视，我们似应从这个事件里去找他们结仇的原因。

但无论如何，虽然成吉思汗诸幼子都希望继承他们长兄的封地，但他们都算错了。成吉思汗觉得其所怜爱的儿子的死亡，是上天责罚那个孩子缺少信心。他不能自恕无充足理由而怀疑他的长子。在立意补偿自己的亏欠之下，他做了各种布置，以期使帝国的北方各省永归于术赤的后嗣。他将湖泊山脉以北的全部领土都合并起来，设立“钦察王国”，在帝国内部享有某种自主权。经过这样布置后，将来任谁也不能“改写”他的遗嘱了。这件事也体现了成吉思汗尊重公道的意识。同拿破仑法典一样，札撒克不许追究亲生父的行为。成吉思汗就遵从法律的支配了，即使他或许已经预料到，有一天，这种处置将会危害帝国统一的维持。

对其余三个儿子，无论是关于他们的血统，还是他们的自治能力及服从美德，成吉思汗都是可完全信赖的。加之帝国北半部已经落定，分产问题不至发生困难了。可是，即便在这一点上，成吉思汗也严格遵守札撒克的规定。

将来他逝世后，将由蒙古人聚集起来开大会以决定谁做可汗。当初他是以这个方式被推选出来的，将来仍应遵此办理。在继承人上，他并不曾预定。当然，他曾私底下跟他的左右表示过自己的一种愿望：他觉得窝阔台——他最和蔼、最得人心的儿子——最适合担任大汗的职务，察合台——最严肃、最公道的儿子——应监视大家遵守札撒克，至于他最小的儿子拖雷——他所特别宠爱的——将司军旅之事。

而遗产问题，则应与行政及权力问题完全分开来解决。因为，一个自由民族的首领在他生命的最后时刻有决定帝国的主权、一般政策及立法的权力，但土地与军队，犹同牧场与牲畜，在可汗眼里，则是他的私人财产。这些财产他可以随意决定，但是，他仍然遵从了蒙古的习惯。按照蒙古的习惯，父亲一手创下的财产，应于父亲尚在世之日归于年长诸儿，当作他们成家立业的赠予。而最小的儿子则留在父亲身边，到父亲死后，继承家族的财产与发源的土地，并承担家长所应有的权利与义务。因此，察合台得到了成吉思汗所征服的西部土地，窝阔台得到了东部土地。至于原有的蒙古土地，则将于父亲逝世后，归拖雷所有。拖雷同时继承父亲的军队、帐幕、畜群以及珍宝，等等。有军队握在手里，使得拖雷及其后嗣将来成为了蒙古帝国的真正主人翁——这个结果必然是父亲当初所希望的。在总数 13 万人的军队中，可汗的另两个儿子、术赤诸子及可汗的妻子各自指挥几千人，拖雷则世袭军队主要部分，约在 10 万人以上。

现在，一切都经成吉思汗缜密处置稳妥了。那么，他能否去休养他的残年了呢？长期远离故土后，他要重新在童年时代的荒原行猎吗？他将在和林坐享他的威权吗？这里是他的大帝国，行政机构和组织结构正在增强和精细完备；这里有他的诸孙，他愿关注他们的发展，以其老成的智谋及梦想的力量来浇灌他们。他还完全可以将逐年出兵征伐——蒙古人视如农民从事农作一样的征伐，交与他的儿子及优秀的将官们去做。在这个时期，他并没有重大的工作：北中国方面固然还有一些微弱的抵抗，甚至偶尔还炽盛起来，但都坚持不了多久。金国的主权已经有名无实了，木华黎已经完成了他的任务，现在只需把河南省打下来了。

然而，天公却不让这个老人得到休息。一个严重的纠纷需要成吉思汗亲自出马解决。

成吉思汗的最后一次战役，就是征讨 20 年前他第一次向外兴兵时征讨的那个国家。那就是西夏国，即强盗与术士的国家。它正居于蒙古新帝国的腹心。西夏国人民因中原游民的不断涌入而力量增强起来，现在不停地劫掠商旅，惊扰商路。蒙古帝国当然不会放任这种情形的存在，因为波斯与中原的贸易正大见发展，保证商路的绝对安全是非常必要的，此外，蒙古人还必须保证他们的威望。

然而，在亚细亚的地图上，西夏国根本不是一个崇尚美德的国度。它是神秘之地西藏高原的门户。西夏的国王本身就是集教主、佛教幻术士、盗魁于一身的奇异的混合者。在1207年，当其都城宁夏被围之时，他已经让蒙古人尝过他的神秘幻术了。

实际上，这个强盗国家并不是进攻型的，且在军事意义上说，它并不足以成为一个威胁者。成吉思汗所惧怕的危险性，也不是出于这方面的考虑。而是在亚细亚中心，存在着一个神秘宗教能起到明显作用的国家，与蒙古帝国无宗教的和朴素的军事组织相对敌，这对蒙古国的世界主权的理想便是一种威胁了。因此，西藏高原的上方阴云密布。确实，可汗不可能消灭那个宗教阶级的根源，尽管它不过刚刚在这个小区域里生根发芽，尚未在东亚细亚蔓延，但是成吉思汗必欲扑灭这个西夏国，这个国家可说是喇嘛教的第一个政治结晶体。成吉思汗将解决这件事视为生死存亡的问题。这种与成吉思汗的民族主义相违背的宗教主义精神，一旦有了政治诉求，就必须立即予以扑灭，也像在不花剌毁灭伊斯兰教的精神一样。

因此，成吉思汗发兵想给西夏以致命的打击。他决定亲自统兵出征。然而，也像3年前在印度边界，当军队正向西藏西面前进时一样，发生了某种奇异的事情。当成吉思汗正要向亚细亚核心进发时，带威胁性的菩萨世界立即自卫，报以那些令人担忧的征象。

在军队出发的前夜，成吉思汗做了一个噩梦。他同他的一个妻子同眠时，忽然醒来，心中惊悸不已，并产生了要死的预感。这个一代天骄在白天是理智的、无所恐惧的，但对于夜间的征兆与梦幻却尤其重视。这件不愉快的事情产生了一番剧烈的动作。

“哪个值夜?”他于夜里愤怒地喊道。当值的军官立刻进入帐里。

成吉思汗对他说：“我不愿意再看到这个女子。我把她送给你了，带走吧!”

他打发了这个让他产生噩梦的妻子，但噩梦的影响依然存在着。于是他传唤诸儿来到身边，支开旁人，告诉他们自己不久就要离世。他确信自己不能在此次战役中活着回到故国了。

此次对西夏的战争成了蒙古历史中最血腥的阶段之一，成吉思汗须在身死前扫平敌人。决战发生于黄河的坚冰上。这一仗使30万人丧命，死者的骸骨遍地盈野。直至今日，夜风呼号时，这一带的居民还以为听到了当时惨死者的哀号。

黄河战役之后，西夏国王的势力就只限于他的都城里了。

然而，这个都城却久攻不下。急不可耐而死神相随左右的成吉思汗，为了让对方自愿降服用尽一切方法，从可怖的威胁恐吓，到甜言蜜语的诱惑，可谓无所不用。但谈判总迁延不决，因为强盗国王不肯相信他。可汗只好与其将领商定来年的作战计划。因为他知道，来年的战争他再也不能亲自指挥了，但他至少要作来年战争的准备。他生命的最后几个星期简直是与死神角逐，这是他唯一不能战胜的敌人。既然照他的心意来改造世界命运尚需的那区区几年的寿命，死神终不肯留给他了，那他只得极度紧张地工作和做好未来的计划，来弥补时间的限制了。

中原汉地也使他放心不下。他开始明白了这个敌人的坚忍和不可磨灭的生命力。他估计对这个地区的征服，也不可能很快地结束。大致算来，蒙古人同汉地已经打了近 20 年的仗，可是，投降的城市不断地发生叛变，新的反抗力量源源不竭地涌出来。成吉思汗想用对付西夏的惨烈手段来对付现在的金朝。将领们赞成了这个计划。他们觉得中原人意志坚强，人口多如地上的老鼠，是丝毫没有用处的，既不能上贡广大的财富，也不能成为好的兵士。其中一个将领竟提议杀光所有的汉人。

可汗采纳了这个建议。在参加军事会议的那些人心中，没有一个人会对实施这个办法的可能性产生疑虑。杀光了汉人，那些土地将变成蒙古马羊的理想牧地。这样，就彻底扫除了一个负担，因为汉地人虽然已经战败臣服，但仍是一股使人不放心的反抗力量。契丹、金以及很多其他的民族都曾以侵略者的身份从北方来到汉地，但只需要几代后，他们就会被汉人所同化，结果只需起一阵微风，就可把这些已经变得无骨髓的民族一扫而光。这些先例足垂警戒了。

成吉思汗最称意的幻象又出现在他眼中了：整个世界成为遍布蒙古人的牧群与帐篷的荒原！

这一刹那具有世界历史的重要性。中国北部那么一片广大地方的命运就决定于这一刻了。一个民族虽然经过 20 多年的杀伐，已经生灵涂炭，但它依然存在着，现在它的命运就系于这位至高无上的君主的一句话上了。那些完全没有人道观念、从前曾向花剌子模展示过他们的极端手段的人，现在大发议论了：这道处死命令的执行，将减轻蒙古人在汉地的负担，如此他们便能将一切力量集中于西方；他们确立了对整个亚细亚的统治，世界范围内的国力分配表也将彻底改变面目。更有甚者提出：只要成吉思汗下了这道命令，汉地不仅在 10 年内将变成一个牧场，而且在百年内将变成一片荒漠。因为，亚细亚的气候是不许人乱出花样的：如果土地荒废数 10 年而不耕种，资以灌溉的运河不保疏通，那么沙砾就会伺隙而入成为优胜者了。

在这次会议中，唯有一个人站起来反对这个办法，要求免使汉地遭受这种命运。这个人就是耶律楚材。他并不是蒙古血统的王公，也不是有势力的将官，他不过是成吉思汗的一个俘虏。在这里，我们不妨谈谈他的身世。

耶律楚材是契丹人，是一个满洲系的王公。最初他效劳于金国，后来，在蒙古第一次与金国打仗的时候，他落入蒙古人之手。他的伟岸身材与美丽的须髯曾引起成吉思汗的注意，并救了他的性命。成吉思汗问他，他的祖先是被金人杀死的，他为什么不报此仇，为什么不投降蒙古。耶律楚材却回答说，在他看来，人不应背弃其在危难中的君主。这个回答在可汗心中产生了深刻的印象，他便起用了这个契丹人——其实是一个满洲人，即与蒙古族有血统关系的人。

此后，耶律楚材时刻站在可汗的左右，他与可汗同征波斯，他一天比一天亲密地做着可汗的朋友与顾问，可汗甚至将年轻皇子委托给他教育。

这个人原本是一位艺术家和儒者，奇异的命运使其成为杀人不眨眼的征服者的不可分离的伴侣。就个性来说，成吉思汗是极易感受文明的影响的，所以不久他就看出，耶律楚材适合做他的顾问。有一天，耶律楚材说：“可以马上取天下，不可以马上治之。”这句至理名言进入成吉思汗耳中，并没有石沉大海。在组织问题上，他历来授耶律楚材以大权。他也十分明白，有了这个人后，一个含有危险性的异种分子便潜入了他的政权里。但在他的亲自监视之下，纵使耶律楚材倾向于人道观念、官僚政治以及蒙古人所深恶的汉人的种种虚伪做派，也并不至于危害帝国。这个贤明的可汗深知，武力之外，某种程度的文事组织是不可避免的，但一想到必须立即在其国家机构里输入有些他素来反对的异种观念，他心里又是不乐意的。

而对耶律楚材来说，他充当着成吉思汗的顾问，也常常不得不面对不愉快的事情。他既不能逃避在他的书里，也不能放弃马上的生活，他必须面对屠杀的战场与烈焰冲天的城市，这是他的性情与责任心使然。他之所以不去做潜修者，是因为他知道他每时每刻都在为受威胁中的文明效劳。因为他深得主君的信任，并因此得到蒙古人的某种程度的尊敬，到他的主君死后，他尚可掌握数年帝国的命运。

或许耶律楚材一向只是利用他的势力来帮助蒙古人实现理想。然而，造化却使其成了文明的保护者，不管他是否愿意，他都被推到了与其所服务的人们相反的位置。他的一切办法，原都是为创立并维持一个国家，但却较接近于汉人的组织，甚至于接近现代的欧洲文明，而与成吉思汗原本构想的组织相去较远。总而言之，蒙古的保守派并不仅仅基于嫉妒与自私的心理，且出于天然的冲动，很早就感觉耶律楚材是个敌人，因而曾煽动许多蒙古人来反对他。是至尊至大的可汗向耶律楚材伸出了保护之手，可汗深知，为国家的福祉着想，应平衡各方的势力。

可是，环境对于耶律楚材一直不是很惬意的。他对人类的恻隐之心及其衰弱的神经往往引起蒙古人的嘲笑与恶作剧。有一天，当一场可怖的屠杀使他表现失态的时候，连他所教育的皇子也向他开玩笑地问道：“真的，你为什么不走到死人身边哭呢？”在蒙古人看来，他们嘲弄耶律楚材是没有罪过的。才经过几代，汉人及其文化就已经把这个富有骑射血统遗传的人，变成了完全两样的人。他是一个活生生的例子，即被汉人和平征服的许多野蛮战胜者中的一个。

当我们看到，这位贤臣踌躇于波斯各城冒着烟的余烬之中，在那里面搜寻他所嗜好的书籍与乐器，而蒙古人则追逐着黄金与妇女时；或者当我们看到，几万人死于战争，他还企图挽救身患虎烈拉（传染病的一种——译者注）的数百人的性命时，那该是一番多么动人的景象！我们或许相信他是做了徒劳无功的事，可是，我们还不知道，在这两个人——蒙古的君主与俘虏的奴隶之间，哪一个将使历史的天平倾坠于自己这一边呢?

无论如何，是耶律楚材救了汉人与汉民族。在以缴收大量赋税的眩惑下，他使可汗放弃了大屠杀的计划。在这时候，成吉思汗是否怀疑到，他的这个忠臣所代表的文化，获得了压倒游牧文化的第一次甚至永久性的胜利吗？而耶律楚材也看到了其背叛行为和这种行为所产生的结果了吗？一种悲剧的要素笼盖了这两个处于相反地位的人物。

不止一夜，当蒙古军队匆匆在某一处征服地宿营的时候，这个统治世界的君主与这位学者同坐在帐前。城市与乡村燃烧的火光映亮了天空，被人如赶羊似的赶到屋外的成千上万人的呼声，充斥着昏夜。有时，在自远处驰来的成吉思汗骑兵铁蹄的震荡下，大地都战栗了。这两个朋友都默不作声，但他们的思想仍在交谈中，而且斗争是那么有力，竟使命运系于人手中的大地都收敛呼吸而侧耳倾听了。

耶律楚材想到：被残害的人发出的恐怖呼声，是许多年来伴随我们军队前进的音乐，而我们所经过的昏夜，都因这些燃烧的火光而明亮了。我的耳朵和眼睛都得病了，我再也不能睡着了。这种情形要把我们带到什么地方去呢？我还要忍受多长时间呢？为什么他这个凶手需要一个文人在他跟前呢？不如把我送回我的书堆里去吧！

而那个蒙古人则想：歼灭的工作又花费了很多时间啊！敌人太多了，我们需要握着宝剑从人群中杀出一条路来，如穿过森林一样！我们已经进行得太慢了。我快死了，我将不能达到宇宙的边际。但我不能让这些民族连同其富庶的都市、田园以及无数人民，留在我的背后啊！他们投降我对我有什么用处？把他们当作朋友是比当作仇敌更要危险的。

这个“汉人”肚子里又说道：他们毫无防卫地成千上万地死掉了，可是，就是在可汗心中也认为他们是无法战胜的啊。那些可怜的农民，说不出话来而又得不到救援啊！世界终归是属于你的，并不属于那些游牧骑士。你没有力量，而那些蒙古人，从他们的马上发出的尖锐视线能穿透天空。稍微退后一点儿，你跪在禾田上，将你的视线移到地上，土地将感激你呢！你好好统治天下吧：你将很快成为主人翁。将来有一天，你要使这些蒙古人睁开眼看看你的园林，看看宁静的美景，看看这个太平天下的一切财富。到那时候，他们的鞋底将倦于奔驰了，或许到最后，他们的新生力量及他们的暴烈性格，将与你的惯于权衡的老成持重，联合起来呢！

我愿意牺牲我的性命，替人类博来这个福祉。我的祖先不也像他们一样，做过焚毁劫掠的野蛮骑士吗？

耶律楚材这样想着，带有征服者血统的他心里笑了。他自命为这两种力量的调和者，他愿意完成成吉思汗的大业，并使可汗遵循他本人所遵循的途径。

成吉思汗没有笑，他的脸色是阴沉的。

如果我的蒙古人到达了宇宙的边际，那时他们应该怎么办？为他们着想，与其让他们跳下马来无忧无虑地安静享受战利品，不如任他们倾家荡产。享受战利品是很美好的，但这种享受会带来危险性，且享受者必须一刻不离马镫。我愿意把那些人钉在马上，使他们知道世界是如何广大啊！我们应当杀更多的人，焚毁得更彻底。凡是会诱惑我们后人的东西，一点儿都不许存留——除了远处的一线光明。我们的子孙不得像那些居留北京的金人那样，安坐而食。我要使大地变成一片荒原，因为只有在荒原上，我的骑士的光辉才能闪耀。我出生的时候，他们还无立锥之地，到处受人排挤，受人压迫。是我替他们开辟了土地，他们应始终做最有力的人。他们应可在其喜欢的任何地方，随意搭上他们的帐篷，喂养他们的牲畜。他们的祖国应是他们的马蹄可到的所有地方。我要使他们成为强有力的人，但不能是懒惰的与白胖的。空空的肚子应是他们的力量所在。他们不得以耕种田地来养活自己，不得以城池来保护自己。他们应该在牧草和帐篷的世界里生活，正像他们历来的生活一样。他们应该葆有完成我的事业的本质：坚强，纯洁，明澈如水晶一样！征服世界比拥有世界更好。

一阵风向这对朋友送来了凄楚呼号的音波。耶律楚材不禁战栗。

“你不愿意停止这悲惨的杀戮吗？”他说。但成吉思汗动怒地转向俯视后面的副官，发出了急不可耐且几近惊悸的声音，“这些拙劣的无用东西！要赶快一点儿。从几时起，需要这么多时间来杀完这些人？我们明早日出前就要开拔。”

那位贤人始终坐在那里，一言不发，微微地笑着。他在心里说道：“我不能救出这些人，但已经从他手里抢回不止一条的生命了，我的时候总要来到。我不应该无论怎样总要爱戴他吗？他差不多像他所追求的目标那样伟大，那样不可亲近。假如我们战胜了他，那无非是因为我们比较微小，且只寻求可能的路走。”

成吉思汗问耶律楚材说：“你要战利品里的什么东西？你可以去拿走你所爱好的东西：珍宝，女人，牲畜……一切一切。”

“如若你许可，就让他们把所能找到的一切的书以及药材都给我。我需要大黄，因为我怕再有瘟疫发生。”

“可以。”成吉思汗说。他随即将脸转到黑暗里去了。

就在与被困城中的西夏王的谈判迁延不决时，成吉思汗病了。至今我们仍丝毫不知道他患的是什么病，仅知道“他身上大感疲乏”。拖雷便立刻被唤到他父亲的病榻边。成吉思汗力嘱其要与诸兄和睦，且无论如何必须尊重札撒克。随后，他召来了诸将领，将征服整个汉地的全部计划授予他们，即等西夏一旦打下来后，就应着手准备征服北中国及南中国的宋朝。随后，他严令要对他的死保守秘密。只要愿意打开城门，西夏王所要求的一切都可以答应。最后，他吩咐道："把西夏人在我的墓上全数杀尽！"

第二天，成吉思汗死了。他最后的话仍是敦嘱大家遵守札撒克。

可汗的遗令一一得到执行。对于这个大变故，大家严守秘密。西夏国王满心信任地离开了他的都城，走到战场，准备同成吉思汗讲和。蒙古军立马把他拿下了，杀死了他。接下来的屠杀是非常可怖的，得以保全性命的西夏人仅有 2%。从此这个国家便在亚细亚的地图上永远不见了。西藏喇嘛教的这个政治结晶体毁灭了。

可是，谁也没有想到，后来竟然有一天，黄教成了蒙古人的国教。成吉思汗并没能完全胜利。传说证明了这一点，并称成吉思汗是死于西夏国王的幻术。

根据皈依佛教的蒙古王子撒难薛禅的编年史记载，西夏这位兼为盗魁与幻术家的国王有一个女儿，曾被成吉思汗所俘。他于夜间把她带进了自己的大帐里。但是，这个公主曾从她父亲那里学到西藏的秘术。就在第一夜里，她使用幻术，使成吉思汗得了无可医治的病。这一次，他不仅只是在女人身边做一场噩梦了，而是非死不可了。公主则于早晨出帐，她美丽无比，连守卫的士兵都放过了她。她跑到一处隐僻的地方，随后投入黄河死了。此后，黄河的上游就用了西夏王女儿的名字。

撒难薛禅在数百年后所记述的这个传说的象征意义是很明显的。西藏报了仇，而且弄死了成吉思汗。神明的幻术家，即活佛，打倒了人间野蛮主宰者的权力。到后来，黄教教士从某地山中下来的时候，整个蒙古民族，都随时光的过去而遭受与其可汗同样的命运了。

这个传说还表达了另一种征象。成吉思汗在一个女人身边梦见了他即将降临的结局，他把这个女人赶走了。不久后，另一个女人，在他睡梦中对他施了置他于死地的幻术。阿提拉，成吉思汗的伟大祖先，也是如此。他也是与一个外国公主在花烛夜里丧了性命。这无独有偶的事件难道说只是巧合吗？这两个上亚细亚游牧民族领袖的故事，是否可以混在一起，以表示这一个的遭遇必将降临在那一个身上吗？不可否认的是，杀死阿提拉的勃艮第王的女儿的毒手，不是替杀死栖格夫里的宝剑指示了路径吗？消灭大力士参孙的，不也是一个女人吗？

成吉思汗的遗体原应运回帝国的都城和林。但是，安放遗骸的灵车的车轮却不肯往这个方向走，车轮无法阻止地自己滚向东北方。蒙古人明白了，他们的故君要回到故乡的森林与荒原，就近在怯绿连河长眠。他们遵从了他的最后命令。如丧考妣的人们便随着灵车越过戈壁沙漠前进了。

对于他们死去的英雄，蒙古人唱出了这个哀歌：

从前你像鹰似的在天空翱翔，
现在你却在一辆悲鸣的车里旋转，
啊，可汗！

你抛开了你的妻子，
你离开了你的一切人民，
啊，可汗！

从前，你似豪勇的鹰，在碧空中往来穿梭，
现在，你像一只无经验的雏鸡，蓦然长逝，
啊，可汗！

你答应我们，在六十六年后，给我们太平与安乐，现在你却将你的九部高贵的民族孤单单地撇下来，
啊，可汗！

成吉思汗的死讯仍向世界其余各地保密着。灵车所经之地的民众一概被驱散，蒙古人以为这样可以保守秘密。等灵柩运到了他的祖先所在地后，成吉思汗逝世的消息才被宣布出来。

在庄严的仪式下，成吉思汗的遗体被安放于他妻子的一

个帐篷里。这个帐篷搭立于他童年时代的牧场上。他回到他的老家了。只是情形完全改变了！他 13 岁的时候，还必须为一块荒原、几只羊、几匹马，而拼命同别人争斗。现在，他的牧场就是世界。而他的藩臣则由世界各地跑来，他们从印度边界、黑海岸边、西伯利亚、汉地、高丽、俄罗斯来向他致以最后的敬礼，有些人竟走了三个月的路程，来跪拜这颗已不再跳动的世界之心。

举行对死者的一切礼仪后，大汗下葬了。在许多年前，有一次，成吉思汗行猎于贝加尔湖东南，约在今日的库伦城附近，并在一片森林里休憩。那是一片橡树林，处于蒙古的中心，挨近神圣河流的源头。在仰望树荫之时，他曾说：“一个疲倦的人，将在这些树下，得到安息啊！”因此，这片橡树林就做了成吉思汗的墓地。

这个时常疲倦万分而又永不休息的人物的长眠之地，作为秘密被隐匿了。即使是他的直系后嗣，即蒙古的王公，也不能确知其所在。

可是，即使他们知道了这个所在，也不至叛负了他，因为死者的安息是神圣的。安葬时，大家用尽了法子，以保持这个坟墓所在地成为秘密。他的遗体头向着南方，连同他的珍宝与爱马，被安放在一个帐篷里。帐篷则于原地被掩埋起来，掩埋后被布置得无人能认出来。一千名精选的卫兵布防于树林与圣地的附近，被指令于许多年中不得将墓地指点出来。死者的名字连亲属都不许提起，以期丝毫不至扰乱死者的安眠。

在今日，好几处地方都被叫作“成吉思汗陵”，并且人们把这几处地方都当作圣地看待。这个办法是很好的。这样，到处有着他的陵寝，这位伟大的蒙古人就能长眠于那些圣山的每棵树下了。人们不给他修庙，不许有任何一个喇嘛庙来扰乱成吉思汗的清睡，来曲解他一生的意义。

他的人民相信他总有一天会回来，重新颠覆世界，完成亚细亚骑士民族的一个神圣帝国的梦。

成吉思汗有 500 个妻子，有人曾算过，到他的第四代，他共有 1 万个后人。如果想在亚细亚受人注意，那身上必须带有这位征服者的血统。他在历史中的地位是前无古人后无来者的，他曾犹如一个上帝，改变了宇宙的面目。他曾消灭了许多民族，迁改了许多河流，许多次出师荒漠，毁灭了许多个百万人口的城市，但是，他的目的就在于创立一个和平而有秩序的帝国，一个以显著而严谨的法律来治理的帝国。他坚信他的民族是受天命来缔造这样一个帝国的，而他本人，因其是最出类拔萃的人物，而身负了这个任务，所以就应该履行帮助蒙古人取得其权利的天职。他如愿地看到他的要求得到了历史的合法认许。他自由行动，只对他本人负责任，而他的行动是“遵循天命”的。当世界反抗的时候，世界便是有“罪过”的，就应勒使其承认天上只有一个上帝，所以人间也只有一个主宰者。在成吉思汗看来，这就是最好的正道。而要遵循这条正道走，则必须践踏着尸首走过去。

他没有现代所发明的压伏外族的最精细、最“适当”的各种方法，即没有传教的事业，没有烧酒与鸦片烟的输入，也没有开发富源和以经济手段陷人于奴隶地位的最精巧的办法。他的方法乃是那个时代所习用的方法，他不过比他人较有系统地实行罢了；因为他曾说：“我们做一件事，应做得完全，且一直做到成功为止。”

直至现代，欧洲曾竭力用最大的热心、冒着多次流血的牺牲，来打破成吉思汗的纪录——说句实话，在欧洲眼中，从来没有哪个目标比成吉思汗更伟大了——它历来想将一切坏的、野蛮的总和归于他的身上，但事实上，它咒骂他的理由不及感谢他的理由那么多。至今还不能消灭他征服过的痕迹的亚细亚是比较了解他的。与他同时代的穆斯林确实有抱怨他的理由，把他当作上帝的祸魔，但他们却承认了他的伟大，且尽力站在客观的角度去了解他。成吉思汗死后不过几十年，亚细亚已经把他看作伟大恩人与太平天子了！因为他，欧洲承受了重大牺牲，但他们宽恕了，因为他们在付出牺牲后得到了一个世纪的安宁。蒙古人中有历史认识的，都痛惜于他们的先人违背了成吉思汗的遗愿，而去醉心于另一个“更适当”“更高贵”的思想。佛教使得蒙古人变成了衰微而无抵抗力的穷小子；正是佛教，使得从前一度身为最强大、最有精神的民族，今日沦于将近消灭的地步。

成吉思汗曾极明白地表示过他对于功过是非的评价是如何地漠不关心：“我有过许多残忍的行为，我杀死了不可胜数的人，而并不晓得我做得是否有道理。然而，不管将来人们怎样议论我，我是不在乎的。”

对于具有这一伟大性的一个人物，这句话似乎是最忠实、最恰当的墓赞了。

第九章
成吉思汗之子

成吉思汗离开了。在好几个月中，蒙古人对世界秘不发丧，后来世界知道了，却屏气不敢呼吸。接下来要发生什么事呢？那个在成吉思汗眼中似乎已创造出来的庞大功业，现在要砰然崩坍吗？蒙古在军事上不见得是特别稳固的。当然，成吉思汗留下了“蒙古马蹄所踏过的那么大的”一个帝国给他的儿子们。然而，这个借吞并而建立的国家并未完全组织起来。他们所统治的广大地面无非是疮痍满目的地面，他们只留下了恐怖心理以保证他们的政权。几名行政长官连同10多个武装人员，分配在广大的大陆上，就好像是几个孤立于危地的据点。一次小小的叛变尝试就可能断送他们的命运；而在他们的命运之外，骁勇善战的骑士荣光与无上权力也将消失了。

成吉思汗离开了。在好几个月中，蒙古人对世界秘不发丧，后来世界知道了，却屏气不敢呼吸。接下来要发生什么事呢？那个在成吉思汗眼中似乎已创造出来的庞大功业，现在要砰然崩坍吗？蒙古在军事上不见得是特别稳固的。当然，成吉思汗留下了“蒙古马蹄向所踏过的那么大的”一个帝国给他的儿子。然而，这个靠吞并而建立的国家并未完全组织起来，耶律楚材刚刚开始做整顿工作。一旦蒙古人侵入那些尚未征服的土地，他们就必须立即离开现有的统治区域。他们所统治的广大地面无非是疮痍满目的地面，他们只留下了恐怖心理以保证他们的政权。几名行政长官连同10多个武装人员，分配在广大的大陆上，就好像是几个孤立于危地的据点。一次小小的叛变尝试就可能断送他们的命运；而在他们的命运之外，骁勇善战的骑士荣光与无上权力也将消失了。

当极东的使者们向成吉思汗的遗体致敬的时候，或许他们所在的各地已经公然叛变了！蒙古方面要得到消息需要经过许多时日，因为传驿的设备还不曾在帝国内有秩序地组织起来。

然而，整个亚细亚却是丝毫不动。我们现在才知道，正是无恻隐之心与极端残忍之心确保了成吉思汗事业的成功，并使这个成功维持不坠。如那些不可想象的恐怖行为不曾使各地陷于瘋瘫的状态，那么，对方的抵抗便将不可能根除。如此，可汗在时，帝国能够存在；可汗逝去了，无论如何，帝国也将随可汗而俱逝了。

露出惶恐战栗的情状者，不仅是世界而已。当责任的重担落在可汗的几个后嗣身上时，他们不免感觉异常狼狈。直至此时，他们不过是那个伟大训练家的器械，经过精练的器械而已。他们完全追随他的命令，不过身担局部的工作。现在，他们必须自己决定方针，发展已创立的大业，执行他们的父亲命其征服世界的遗嘱，并解决分配遗产所引发的问题。

成吉思汗敦告他们团结一致的话语，还在他们的脑海里。他对他的儿子们说：“一支箭矢可以很容易折断，但一束箭矢就很坚硬，能够抵抗大力。”在这个时候，他的几个后嗣还丝毫不敢有彼此争夺的念头。

但是，他们之所以延期举行无法回避的大汗选举，并不是因为他们感觉，在大汗新逝之下即另立一个储君是不恰当的行为，而是因为他们不太有把握能得到一个一致的决议。

因此，选举延期数年，直至丧期结束后才举行。在未举行选举前，由可汗的心腹与宠子拖雷主持政权。可汗安葬后，几个继承人彼此分手，各回原地去。察合台去波斯，窝阔台去汉地，拔都——术赤的儿子——去俄罗斯。拖雷则留在蒙古，居于权力的中心。

经过3年后，拖雷才在和林召集决议汗位的大会。蒙古帝国的诸王子，带领着各自的大队人马，争显各人的光辉，赶到和林。同样的，纳贡各国国王的使臣、蒙古贵族、成吉思汗的旧部、军队各领袖，都到和林来了。

但是，转眼过了20天，还没进行选举。在那20天里，他们大开宴会。他们借口说钦天监须找到宜于立君的吉辰，实则有若干要点须先在会外讲明白。成吉思汗的意愿是让窝阔台继承汗位。但术赤的后人从他们父亲那里继承了对于窝阔台嗣位的不满情绪，这已不是什么秘密，拔都甚至可以以其父亲为长子的资格，提出充当家长的要求。为求皇室的和平起见，窝阔台自愿放弃他的权利，并提议立其幼弟拖雷，后者已得到大家的信赖，并且因其军队继承人的身份事实上已掌握了实权。

眼下，他们几个兄弟之间发生了勇猛的斗争。拖雷、察合台以及宰相耶律楚材都逼使拒受汗位的窝阔台改变主意。不论环境如何，父亲的志愿是必须尊重的。最后，他们强制把窝阔台放在御座上，然后就拜伏于地下。这时，汗帐的帘幕打开了，集在帐外的部众踊跃欢呼起来。各王子发了一个庄严的誓约，约定“对窝阔台系竭尽忠诚，只要其后人留下一块肉，扔在草上而牛不食，我们总是竭诚拥戴”。

窝阔台即位之初，先祭祀其父成吉思汗之灵。蒙古最美丽、最华贵的40名少女，由她们的父亲自愿献出做牺牲品，送给在冥冥之中的死者，使他也享受到普天的喜庆。随后，新大汗下令打开仓廪府库，向民众散财发粟。

在蒙古诸汗王中，窝阔台是最仁厚的。他的少年时代仍处于成吉思汗发愤图强之时，他曾经历过一只铁镫都算是奢侈品的日子，现在呢，他却能倍享财富与权力。这强大的权力着实使他陶醉了。前后转变是那么迅疾，竟使他觉得是做了一场梦。他享受着这无上威权的乐趣，但并不尽心使用这个威权，而是像一个小孩似的，只想将它表现出来。

成吉思汗的严厉到窝阔台一变而为仁厚，非人道的一变而为人道的，伟大的直觉一变而为天然的本能。成吉思汗是戴了一个英雄的面具，他的儿子呈现的却是一张自然的、天真的面孔，使世界日日感觉到他得了一个不可思议的礼物似的。成吉思汗的行为与言论成了神话，窝阔台的行为与言论则成了故事。

窝阔台驻跸于和林，突立于荒漠上的传统都城。从早到晚，他视朝于一个铺了红毡毛的白帐里，卧于虎皮上，吃着，喝着，接见远国的使臣，无忧无虑地接受各方的贡品，并将之分赐他人。在无疆的福庆之中，他是那么和蔼而贤明，发号施令，悠然地治理着他的帝国。

他的宽怀大度是无涯际的，因为他自己说，人生如逆旅，终当离尘寰。唯有得到民心，才算得到珍宝。当他启视宝箱，看到其中黄金将要溢出的时候，他差不多是愤恨万分，于是便让人各取所需。在 1235 年的大会中，他将战利品全部分发了。他的臣子不明白他疏财的用意，他便心中忧愁。他们往往敷衍地执行他的命令，说这是窝阔台在酒醉时所说的话。可是，窝阔台理直气壮地告诉他们说，他自己有钱和他的臣民有钱对他来说是没什么区别的。天下一切财富，不都是他的吗？他把钱给人，钱其实还是回到他那里。金钱是应该流通的，才能使人享福。

他身处富贵之中，却明白穷人的忧愁。有一天，他与妻子骑行游览，途中遇到一个乞儿。他身上没有带钱，就叫他的妻子摘下奇美的耳坠给乞儿。他的妻子不肯，并说这个人明天可以到宫里来。窝阔台于是说了句足可以让世间一切慈善机构当作格言的贤明的话："你以为一个穷人能等到明天吗？"乞儿便得到了这副珠坠，并把它卖给了一个商人，商人又于次日献给了皇妃，以表示他的忠忱。窝阔台则欢喜无状。

他心中牢记着父亲所教诲的绝对宽大主义。当朝中发生种族的嫉妒、仇视以至忏悔的事情时，他都拿宽大主义来裁定。有一天，一个自称梦见成吉思汗的人被带进朝中。据他说，故大汗一定要杀尽一切穆斯林。在确认了这个人是汉人后，窝阔台就用计问他说："当我父亲同你说话的时候，他带了翻译吗？""没有。"那人回答说。"那么，你瞎说，"可汗发怒道，"成吉思汗不可能同你讲话，因为他只能说蒙古话。"那个人便被处死了。

窝阔台不能忍受其治下各民族彼此寻衅。当汉地艺人在一出滑稽戏里，表演蒙古骑士拖着一个波斯老人的头发走的时候，窝阔台下令立刻停止表演。

窝阔台密切注意着违背札撒克的行为。通过这样的事件，我们能观察到他是如何平衡其柔弱的心性与做君主所必需的严肃之间的矛盾的。有一天，他与其兄察合台遇见一个畏吾儿人正在河中沐浴。按照札撒克的禁例，在河中沐浴的，应受死刑的处分。这个人犯了死罪，窝阔台也不敢在维护札撒克的察合台面前改变札撒克的规定。于是，这个人被捕了。但可汗却心生一计救下了他的性命。他暗中教这个畏吾儿人说绝不曾在河里沐浴，而是在寻觅丢在河里的一枚金币。这个诡计成功了，窝阔台又有理由来快乐一番了。

事实上，他的确有快乐的权利。帝国形成了坚固的一统；在各处边界上，每次出师都取得胜利；他与诸兄弟的关系，即使是与术赤那一系，都出人意料地维持得很好。唯一让可汗烦恼的，就是他的亲属要阻拦他饮酒。因为窝阔台是一个豪饮者，这一点或许是他从一个祖先身上继承来的，那位祖先曾有一天在北京的朝廷中闹了一场天大的笑话。耶律楚材曾将一条铁钉投入酒里，向可汗证明酒的戕伐力量，结果是白费工夫。他的兄弟曾让他发誓，每天不得喝过若干杯的数量，结果同样不生效力，因为他虽遵守誓言，但却命人特制更大的酒杯。1235 年，他从汉地回来，由于纵酒，得了重病，病势很是危急。

拖雷赶到他的病榻前，祈求神明让自己代替亲爱的兄长死去。

他祈祷说："如果我们两人之中，因为做过了坏事必须一个人死去，那么，应该我死，因为在良心上，我比窝阔台杀死了更多的生命！"说完，他拿起预备给窝阔台的药吃了下去。但是，这个药是预备外擦而不是内服的。拖雷便体内发烧死了。窝阔台则病愈了，或许因为拖雷的英勇行为保全了他的生命，而没有被幻术教士预备的药剂所毒死。

有些历史学家，特别是畏吾儿人，则称拖雷是因为饮酒过多而死。因为当窝阔台不久又陷于他的恶习，受到人们的责备时，他就泫然答道："我不过为追念我那嗜酒的拖雷弟而喝点儿罢了。"

成吉思汗的这一代后人，树立了重情谊与循规蹈矩的良好榜样。有一天，察合台与窝阔台打赌说他有一匹跑得特别快的马。他确实占了上风，压倒了可汗。赌赢后，他守正的良心开始感觉不安了。他说，他的居心绝不是非要得到优胜不可，现在他想到，因为他的傲慢无礼，他犯了不敬大汗的罪。察合台请求窝阔台按照札撒克的定例治他的罪，就是说处以死罪。大汗当然拒绝了这个请求，但察合台要求大汗至少必须接受他的当众请罪之举，经过此举后，窝阔台才可宽恕他的罪。这是亚细亚大家族的规矩。除了察合台之外，成吉思汗找不到更好的札撒克的守护者了。而只要在他的后人心中存在着这种精神，帝国的统一就不至于发生危机。

窝阔台也很重视他的广大国家的组织，研究他的新都，以及围猎、宴会的发展办法。在这方面，他特别听从耶律楚材的建议，那时，耶律楚材已成了蒙古国运的真正主脑。他首先厘定了一种通行全国的税制，以法令代替专制。牲畜的税率定为1%，农商的税率定为1/10，在汉地各行省按户出赋，在其他地方则按丁出赋。另外，废除一切关卡，以保证商业的自由。对于奢侈品、酒等，只征收2/10的税率。

政府积极采取了各种措施，使和林成为大商业中心。窝阔台同他的父亲一样，厌恶商人，但在原则上，他总是支付比原价多出1/10的价钱。他心想，商人们来到他这里，无非是为做生意，而他不愿意欺骗任何人。他的经济政策立刻显现了明显的效果。当国库即将陷于枯竭境地的时候，窝阔台有意发行纸币，但他的臣子对他陈说通货膨胀的种种危险，劝阻了他。但这个计划后来被忽必烈实行了。

耶律楚材的最大功绩，在于他确定了蒙古王公和各行政长官的权力与特殊利益之后，管束了他们的不羁行为。王公得到某几省的收入，作为他们的采地收入；各行政长官应尊重公共权利，即便对被征服的民族也应如此。于是，开立了许多学校，由汉地文人来主持，教帝国的官吏与蒙古贵族子弟。金人的故地照孔子的旧制分为10个行省。

鉴于贵族随意责令国家新建的驿站供给马匹，并无度使用征发权，帝国后来规定，只有在提出特殊证据之下，才许享受这种特殊利益。

我们可以想象，那些在不断的战争中完全变成了“野蛮人”的蒙古人，当然怨恨耶律楚材削减他们的既得权利。后来，耶律楚材又劝谏窝阔台出台打击官吏接受贿赂的法律，这便激起了他们的狂怒。札撒克不是将被征服的民族置于法律的保护之外吗？如若不是为他们自己，那蒙古人到底是替谁征服世界呢？在东亚细亚，额外小费不历来都是官吏的一半收入吗？他们于是策划了反对耶律楚材的阴谋。他们组织人向窝阔台控诉耶律楚材的种种罪行，于是，耶律楚材被关进了牢里。但是，可汗不久就知道了这是诬告。当可汗要恢复耶律楚材自由的时候，耶律楚材以受了诬告的凌辱而不肯罢休，他拒绝出狱。他告诉可汗说：“昨天，你觉得我是有罪的；今天，你又认为我是无罪的。到底哪个是对的？在这种情形下，叫我怎能管理你的帝国？”窝阔台心中悔恨不已，他力求耶律楚材转变想法，直至耶律楚材豁达大度地愿意出狱为止。对此事，耶律楚材也没与反对他的人计较。

我们很难不对耶律楚材的这种处理方式产生深刻印象。这个精细的“汉人”十二分地知道应如何自处，以应对天真的蒙古人。在他主持国事期间，汉文化的元素产生了极大的影响，他坚持输入汉地的行政方法及北京朝廷的礼仪，并不是没有用处的。正是经由他有计划的推动，蒙古人才与中原文化发生了密切接触。

耶律楚材并不贪图私利。当他于数年后死去时，蒙古贵族搜查他的住宅，想找到他们想象的财富，结果却只找到了书籍和乐器。这些东西便是亚细亚这个最有权力的人物的全部财产。通过汉地的精神，蒙古人走上了文明的道路，耶律楚材则是第一个代表汉人向征服者的营垒射出了第一箭的人。恰恰是他的中正性格，使他由此使一切汉地人取得了胜利。从这个意义上说，耶律楚材是成吉思汗的理想中默不作声的敌人，而且是可怕的敌人。

在宣布大赦不久后，窝阔台因醉酒死了。在他死前几天，有人带了一头活捉的狼到他面前。这头畜生曾在蒙古人的牧群里大肆蹂躏，可汗本应判它的罪，却下令把它放了：这几天的监禁已算是对它的重罚了，让它回到它的同伴里，以儆效尤罢了！

命令被执行了，可是这头狼刚刚得到自由，就有几条狗跳到它身上把它咬成了好几段。对此，窝阔台非常伤心。他说："如果连一头畜生的生命都保护不了，那么，上天也不能再保护我的生命了！"他不久就去世了。

窝阔台即位之初，便下令编修一部名为《世界的征服》的史书。这部书里记载了窝阔台这一朝的几件流血的事件。

帝国曾派兵征讨花剌子模摩诃末沙王的儿子札兰丁。札兰丁从印度出来，企图恢复父亲的故土。其实蒙古人几乎没必要出兵干涉，只要他们开拔的消息传出来，就足以在札兰丁的军队里掀起一番恐怖的波澜。加之，札兰丁与其说是一个政治家，不如说是一个冒险家，不久后，他就自掘坟墓。他同时与蒙古人、哈里发、西亚细亚的那些小王子以及信仰基督教的亚美尼亚人打仗。在整个伊朗境内，他成了一个伪善的捣乱者，并失掉了他以王朝遗裔地位所仅有的最后同情者。最后，曲儿忒族的牧人像宰一头癫狗似的把他杀死了。

窝阔台登极不久，蒙古人继续推进成吉思汗的征服整个汉地的计划。金朝皇帝只剩下一省，即黄河下游构成汉核心的河南省。但这一行省很难攻下，因为汉人曾在沟通此省的路径上，跨山脉河流建筑了坚固的工程。所以当初成吉思汗先与宋朝皇帝联盟。蒙古须从宋朝皇帝方面得到假道其领土之南而进兵的权利，从而南北夹攻河南省。军队以旧西夏国的领土为行军根据地。

窝阔台一一遵从父亲的这个计划，这个计划也被证实效果极佳。不久后，两支蒙古军队向河南省进兵，缓缓进至都城开封府。金国人企图决河淹灌敌军。但速不台更迅速，在黄河堤岸刚要被挖开的时候，他赶到了那里，扑灭了大堤上的工人。开封府被蒙古军包围了，这个拥有几百万人的都市开始四面受攻。虽然交通中断，开封府仍支持了好几年。后来，蒙古军靠着波斯建筑家的襄助，使用了最缜密的攻击方法。他们在离城墙不远处建筑了高达 60 米的高楼，从楼上抛掷尖锐的石弹及燃烧的石油，还向城内射入火箭，并放出脚下系着火草的鸽子。他们开着铁甲车向城墙前进，挖了暗道来袭击敌人。

与此同时，其他纵队则负责破坏这片肥沃的地方。这样的斗争中，金国丧失了他们最精良的军队与军官。许多长官在蒙古人非人的刑罚下牺牲了。有一个金国将军被命令向蒙古王公下跪行礼，因为他拒受这个命令，蒙古人砍去了他的双脚，逼其屈膝跪下，但他仍要努力倚在流血的残肢上站起来。蒙古人为逼他说话又割裂了他的嘴，一直割到耳部，但他仍然一声不响，就这样死在这种非人的刑罚之下了。速不台心中感动，于是以厚礼埋葬了这个英雄。

不久后，河南省被破毁无遗，被搜刮得竟使蒙古人也开始以人肉果腹。开封府也发生饥荒，金国人已经是人吃人。更糟糕的是，这个不幸的都市发生了鼠疫，鼠疫消灭了那些勇敢守护者的最后抵抗力量。虽然最穷的人只用贴身的衣服收殓，但死于鼠疫的人所需要的棺木竟也不下 90 万具。

最后，开封府终于不能不打开它的城门了。蒙古兵入城后，幸亏耶律楚材从中周旋，才使城中尚存的百万人保全了生命。

金国皇帝逃入了他最后的堡垒。这个堡垒居于湖心，貌似不可能攻下来。但是，蒙古人发现，湖里水面是高于黄河水面的。于是，他们挖了一条水道，当湖水被吸走后，这个最后的安身之所便不能再据守了。金朝皇帝因恐自己大腹便便妨碍逃走，便将皇位让给了他的儿子。但当皇太子即位的那一刻，窝阔台的军队已进入堡内了。老皇帝举火焚烧了宫殿，与其数百名妃嫔自缢死了。朝中大臣、将帅以及众多士兵都自愿跟随皇帝死去。刚即帝位的皇太子则被一个奸臣所弑。

金国亡于 1234 年。

在蒙古人心中，一度的胜利无非是为了引起他们对下次战争的期待。只有等到天下无处可征服后，他们才肯罢手。1235 年，窝阔台从金国回来后，在和林召集了比上次更盛大的会议。他们在会上决定召集 50 万人的军队，同时四方面出兵。大家不能压制年轻的王子活泼不耐的情绪，应该为他们找点儿事情做，并助他们摘取在新可汗面前的第一个桂冠。第一军由皇太子率领，进攻南宋。宋朝当初答应将河南省的一部分割给蒙古，作为蒙古助其伐金的报酬，现在并没有兑现，这正好给了蒙古人出师的借口。第二军开往杀生变乱的高丽。第三军开往克什米尔，以征服印度。第四军由术赤之子钦察汗拔都率领，向西再度征服多瑙河上的匈族旧帝国。速不台熟悉这条路，便以参谋长的地位襄助拔都。这位老将自 17 岁便随成吉思汗打了许多胜仗，现在跨上战马，一生中第三次向从黄海至东欧的广大平原前进。

到 13 世纪中叶，蒙古军大批涌入欧洲。他们一直进至欧洲大陆的中心地带，幸亏几件意外事情的救助，才使这次对世界的征服不至于到了不可收拾的地步。更令人奇怪的是，基督教世界居然没把这当回事，它几乎忘记了或许这是它历史上最危险的一刹那。

这其中有一件让人迷乱的事情——这种状况或许是半出自有意半出自无意的。即便在这次事变后，欧罗巴仍然“不愿意”回望它曾处于那样喘息不定的深渊，这是因为它本身丝毫没有去努力援救自己。留意事实的人会发现，它已处于那样的衰弱状态与那样的精神堕落的情景中。正因如此，欧罗巴对于抵御远没有那么重要的土耳其人的战争，是穷尽一切努力地做了许多事情，而对于1241年的蒙古兵入侵，却盖上了一层已经忘怀的幕布。

普通欧洲人几乎都听说过那一次胜仗，说是基督教国家的联军在瓦勒斯塔忒打败了无数的亚细亚游牧人，正因为这次胜仗，第一次阻断了这些游牧人的进入。这样来陈述事实，可以说每个字都是假造的。基督教国家并没有联合起来，并没有打胜仗，而亚细亚游牧人也没有那么多人出现在那里，他们更没有被阻于瓦勒斯塔忒。最后，一句话，不要说汉人，就是亚细亚许多更弱小的其他民族，都曾对蒙古人作了比欧洲所作的远有效力的抵抗。

1239年，拔都与速不台带领了将近25万的人马出现在俄罗斯境内，并渡过了窝勒伽河（伏尔加河——编者注）。钦察人对上次蒙古兵寇进入的情状还记忆犹新，于是大批逃往外国。4万户钦察人到了匈牙利国境，请求许其入国。别剌王许其在愿意接受基督教洗礼的条件下入境。尽管这样做在许多方面看上去都包含着危险性，但别剌王仍要这样，他无非是为了取悦教皇，教皇的帮助是他所必需的。

起初，蒙古人像发了疯似的在俄罗斯境内四面八方乱跑。他们打败并杀死了那些俄罗斯大公，大公们虽然有其个人地位，但总不能做出共同作战的一致计划。被残毁的州郡、被破坏的都市、被杀害的居民、被烧为灰烬的教堂的名单长得可怕，也单调得可怕。唯有东方诺弗哥罗大公国幸免于祸，这完全是因为春天降临，坚冰解冻，每条路径都成了泽沼，使得拔都的军队不能向前了。在烧了莫斯科、基辅繁盛都市，及预计在数年内身后绝无威胁的可能后，蒙古军便向西挺进。

他们向匈牙利方面进兵。这个国家正是他们出兵之初的真正目的地。这并不是因为别剌王收留了出逃的钦察人，因而构成了违犯札撒克的行为，而是因它正好成了蒙古出兵的有力借口。

蒙古方面在军事及政治上大规模地订立了讨伐匈牙利的作战计划。拔都将军队分为四支，其中三支直接向别剌王的国境进攻。第一军取道鲁登尼的门户及近在蒙喀赤的喀尔巴阡山的山谷；第二军取道德兰斯发尼北部；第三军取道瓦拉儿进攻匈牙利的东南部；第四军由察合台的儿子拜答儿带领，从波兰进兵攻击西勒西。

这个进兵计划显示出拔都深知欧洲的政治变动，他可并非欧洲人眼中的“亚细亚东部荒原的孩子”。居于两翼的那两支军队，即进攻波兰和西勒西的北军与向瓦拉儿前进的南军，其唯一的目标就是牵制别剌王在波兰与拜占庭方面可联络的亲戚，并切断与匈牙利的联络。这样，中央军队就可免于遭受侧面的任何突袭，便可向多瑙河流域推进他的全部兵力了。

由此可见，北翼军队根本就没有担任侵略日耳曼与欧洲的任务。拜答儿至多不过带了六七万人的军队，若存有侵略日耳曼与欧洲的目的，那他的兵力也太少了。他不过是掩护拔都的主力军，并防止敌军集中于主力军的右侧。若要明白后来的事情，弄清这一点是很重要的。

当拔都向匈牙利进兵之时，拜答儿则率兵进入波兰境内。当地人民还没来得及聚集起来抵抗，他已穿入它的腹部了。惊慌之下，国王与贵族都跨过边境逃往日耳曼、孛海迷匈牙利等处。一部分行动不便的穷人则藏于敌军进不去的森林与洼地里。凡是陷入蒙古人手中的地方，他们一概施以屠杀焚毁。他们火烧了被居民放弃的克剌可洼。在他们的左面，几处被他们蔑称作“狗窝”的小堡垒被他们留了下来，因为它们不至于产生任何危险。惯攻数百万居民的亚细亚强大都市的军队，是没把这些小堡垒放在眼里的。加之他们不能失掉一刻的光阴，必须以最快速度向前推进，因为西勒西公与孛海迷王正在不勒思老集结他们的军队。拜答儿须尽力先发制人。

3 月 28 日，蒙古军离开了燃烧中的克剌可洼，在于剌迪博儿泅水渡过斡岱儿河后，31 日，他们已经到达不勒思老。逃走的富人自己放火烧了他们的城市。拜答儿的军队蹂躏了这个城市的周围，在 4 月 8 日与驻近里格尼志的西勒西大公亨利的军队交战了。蒙古军逼迫亨利在孛海迷王汶塞尔出场之前，第二天即与他们开战。汶塞尔经过迟缓的准备后，驻在百公里以外的地方。

亨利二世战败于瓦勒斯塔忒，被杀死了。与他同时死去的，还有条顿教团的神父，以及许多波兰王公与贵族。基督教徒的军队由西勒西与波兰的武士、日耳曼的十字军人及戈勒德贝儿金矿的工人组成，总数有三四万人。蒙古军的数目不超过他们的一倍。

在无甲胄、着敝衣、器械窳劣的戈勒德贝儿工人整列整列地倒在蒙古军如密雨般的箭矢下后，日耳曼骑军奔上了前线。根据西方史料的铺张记述，我们很难明了这次交战的详细情形。总而言之，日耳曼骑军经过了一番勇猛的守御后，突然逃出来了。据某一种意见说，蒙古军阵曾经数度被他们冲破。这种观点是错谬的。诈逃诱敌与突更阵线，乃是东亚细亚骑军的惯用战术。有人说，日耳曼军队之所以败北，是因为有一名蒙古骑兵在阵前往来驰骋并高喊：“逃，逃！”关于波兰军战败的一篇报告，比上面这个可怜的辩解更有意义。据这篇报告记载，蒙古兵忽然手擎一面有着卍记号的大旗和一个有长须的人头出阵，后来就从这个人头的口里吐出了大量的臭气，使波兰骑兵目迷东西，并且几乎不能呼吸。蒙古人的作战技术一向精到，拜答儿的军队是使用了毒气作战的方法。这种毒气是由萨满教徒所制的东西配合而成，使得迷信的基督徒陷于狼狈不堪之地。根据波斯与中国史书的记载，我们知道，那时的人们早已知道使用烟火的方法了。

亨利大公奋勇战死后，蒙古人将他的头插在枪尖上，号令各地投降。基督徒联军被打败了。还有人说，500 包满装基督徒耳朵的口袋曾经被送到拔都营中。

就这样，日耳曼的门户完全洞开了。亨利大公的那一小支军队，当初都是千辛万苦才召集起来的。任何力量都不能阻止蒙古军自由地由西北方入境了。但是，因为他们奉命要与主力军联络，所以他们就在西勒西又逗留了 20 多日，在转趋南方之前，他们尽其所能地破坏着这个地方。这一带的居民在 13 世纪时几乎全部为波兰人，这次，在 3 个星期中，他们几乎全部逃亡了，这就使得后来迁移至此地的日耳曼人得以很容易地发展起来。

孛海迷的汶塞尔则始终屯在百多公里外按兵不动。他的前锋部队曾于瓦勒斯塔忒战争的次日同蒙古军接触，后来却突然撤退了。他始终抱有充分的把握。在其语气夸张的信中，他告诉日耳曼各王公说，等援军一到，他立即为其亲戚亨利大公报仇，扑灭那些“塔塔儿”。事实上，他的军队人数至少与拜答儿的差不多，他完全可以不待援军来到，轻易地作袭击敌军的尝试。然而汶塞尔却不这么想，他不想为西勒西军队的败北而动怒，因为他同西勒西的关系并不是圆满的。历史真相也不像后来人们所妄称的那样，其实蒙古人并没有躲避汶塞尔的重军，相反，完全是孛海迷力避与蒙古人接触。在日耳曼军与波兰军败北后，拜答儿给了汶塞尔充分的时间来进攻蒙古军，他甚至安详镇定地任蒙古兵焚毁劫掠了数星期。可是，汶塞尔任蒙古兵自由出入于他的莫剌维亚地区，并解散了他的军队，安居不动，高坐于老尼格斯泰因的堡垒上，目睹敌军蹂躏那些地方。

在欧洲各王公中，彼此不信赖和彼此仇视的情绪导致了他们缺乏一致行动。这一个利用蒙古人以打击那几个，目睹敌人蹂躏邻人地盘，还暗自幸灾乐祸。那时，教皇与皇帝腓特烈二世的斗争已使整个欧洲陷于纷乱，教皇甚至散布谣言，说霍亨斯陶芬王室的使者到了蒙古军队里，并说以信仰异教著称的腓特烈二世皇帝曾引野蛮人入室。教廷主张组织常规的十字军以攻击腓特烈，但却对蒙古人不加关注，教皇也不以他的名望来想法应付蒙古人。或许，在罗马方面，有人正希望这些野蛮人蹂躏腓特烈皇帝的境土，借此削弱后者的地位。因为亨利大公属于教皇派，因而霍亨斯陶芬王室方面没有任何救援西勒西的举动。当然，他们两方面都曾向各处作关于“塔祸”的呼号，他们都坚称他们将自愿参加战斗，但他们客观面对的基督教国家力量的分裂局面，却使他们的行动陷于不可能之地。

这时候，各种让人困倦的故事与离奇的宗教传说纷起，扰乱了人们的头脑，增加了恐怖情绪。法兰西国王做起咬文嚼字的把戏，说这些“塔塔儿”必定是从鞑靼来的。自此，这个无论在人种学上还是在书写上讲都属讹谬的名称，就被欧洲人用来称呼蒙古人了。腓特烈算是当时脑筋最敏锐的人物了，也以为蒙古人是那十个被上帝赶到沙漠里的以色列部落。这种看法后来居然还再度出现在西方各国人的离奇脑筋里。其他的人则以为这个可怖的祸殃是对基督教国家的邪说与内部分歧的一种惩罚。也有人传播了这样一个极其特别的故事：蒙古大汗的皇后曾从中国来日耳曼作娱乐旅行，到了不勒思老。不勒思老的人把她杀死了，于是，她的丈夫趁这个机会带了大兵来为她报仇。其实，这个幼稚的故事里面有着若干真切的地方：有一位俄罗斯大公的夫人曾于拔都军队开来之时，逃到不勒思老，在那里被人劫掠杀害了。

在 1241 年的政治谈判中，威尼斯共和国所扮演的角色是极其模糊不清的。

威尼斯的机警商人在很久以前就已与蒙古人保持着经常的联系。为了完全操纵欧洲与远东的商业，他们采取过种种步骤，使蒙古人极力破坏他们的热那亚竞争者设在俄罗斯境内的商业机构，而威尼斯人在克里米亚的商港，无论遇到速不台还是拔都，都能免受残害。当蒙古兵出现于西勒西的时候，威尼斯正与拔都做大规模的俘虏贸易，贸易的商品，乃是以重利将俄罗斯南部荒原的钦察儿童由克里米亚卖到埃及做奴隶。

嫉妒心理、热烈的谎言、丧尽廉耻的贪利精神都联合了起来，使得欧罗巴陷于覆亡之地。

这时候的蒙古人尚实际，重客观，不受任何神秘事物的拖累，只向着他们的目标前进。当拜答儿向波兰与西勒西进兵之时，其余三支军队则向匈牙利逼近。当他们的军队临近的时候，多瑙河平原里的国家的内政正处于完全颠倒错乱之中。别剌王正与大臣之间因为某几种特殊权利而发生严重的争执。匈牙利人报怨其国王收留了钦察人。这些钦察人在别剌王的庇护之下，根本不检点他们的行为，带着他们的牧群蹂躏其他各处，追逐他们主人的妇女。

当拔都军队到来之时，匈牙利兵几乎毫无准备，这并不是因为蒙古军的袭击出乎他们意料之外。四年前，有一个行乞的修士从俄罗斯内地回来，已经通告国王说，有一个强盛的野蛮民族已决心要来到欧洲并要侵略匈牙利了。不久后，别剌王就接到了拔都的一封书面通知。这封信是用蒙古语言与畏吾儿书法写的。起初没有一个人能够把它念出来，直到有一天有一个人突然站了出来，说他会读这些外国字。拔都的信里要求别剌王自愿降服；他还表示了对别剌王收留蒙古奴隶钦察人的不满。拔都的信是这样结语的：“钦察人比你，大王，容易逃避我们的愤怒，因为他们是住在活动的帐篷里，而你和你的部属，则住在石造的房子里。”

这个神秘的翻译者立即宣称他能同拔都进行谈判。令人称奇的是，这个人是一个英国籍的世界流浪者，他被赶出英国，经过无数的变化后，跑到了蒙古人那里为他们服务，成为了一名获利颇丰的掮客。

所有这一切严正的警告，只在匈牙利人心中产生了微小的作用。他们以为在喀尔巴阡山的掩护下，受不到他人的攻击。在别剌王注意了起来，号令国中作抵抗准备时，他的大臣却当面嘲笑他。他们说，蒙古人这件事，是国王不怀好意的造谣，他们以为国王无非是要借这种事来征收新赋税和剥夺贵族的自由罢了。他们大言不惭地说道：如果那些野蛮人真的来到，只消教皇一挥手，或匈牙利的光荣军械一露出来，他们便逃走了。

如今，蒙古兵到了国门口。匈牙利方面除在喀巴尔阡山谷有极其不完全的几所防御工事外，没有其他任何防御措施了。当拔都于3月上旬逼近喀巴尔阡山脚时，别剌王还在与他的大臣和教士争论应对方针。

3月12日，边界山峡上的木栅被蒙古人的战斧劈裂开了。13日，拔都统兵前进，15日已到达布达佩斯近郊。这样算来，蒙古人只用了不到3天的工夫，就跑过280公里的路程：这是空前未有过的一支六七万人的军队飞跑的成功先例。

现在，别剌王只能呼吁一切有能力的人起来执兵卫国，并请求钦察人帮助。匈牙利国内被一股极度的恐慌所袭击。人们搜索引祸的罪人，嫌疑落在了别剌王所招待的俄罗斯南部的客人身上。当钦察人还在作关于组织后备部队问题的谈判之时，他们的王子则被布达佩斯的居民所殴。被诬蔑为蒙古人盟友的钦察人满腔悲愤，自然拒绝同别剌王一起作战。他们穿过匈牙利与士的里，沿途焚毁劫掠，最后来到了巴尔干。

钦察人的叛变，自然影响了匈牙利军力的集中。蒙古几个巡行此地平原的支队已经与聚齐的匈牙利军队交战了。蒙古军人数并不多，却将假人绑在军中后备的马上，甚至拉出那些假人来迎敌，使匈牙利人误以为他们人数众多。

最终，约在4月底，即当亨利大公的惨败消息传至欧洲的时候，别剌王终于聚集了一支10万人的军队。拔都的军队人数还不及他们——因为拜答儿及另两支军队尚未到达匈牙利，于是他集中兵力，慢慢诱使别剌王跟随在他的后面，引兵向东北部退却。蒙古军在渡过萨约河，并加强了河上唯一桥梁出口的军事工程后，就屯兵摩喜平原，在那里，萨约河于托揆山附近注入台斯河。他们就藏在围绕这个平原半径的山冈和森林里。尾随他们而至的匈牙利军在萨约河的另一边扎营，他们将营帐密切连亘着，以防敌军的袭击，并将战车围绕军营的四周。做好这些防护后，他们安静地进行其宿营生活的娱乐。

接下来的几天中，一切都很安静。但是，有一夜，蒙古的一支军队秘密地在另一地点渡过了萨约河。根据他们后来寄往和林的报告，我们知道了这是速不台带了一小支队伍，在恰当的时候到达了目的地。在黎明前，蒙古军已在匈牙利军的背后了。

到太阳出来时，拔都用12座大炮不费力地夺取了桥梁。当匈牙利人醒来的时候，他们的军营已经完全被敌军包围了。然而，别剌王还把这件事情当作儿戏，他确信自己有战胜的把握，居然还从容盥洗，烫了头发，穿上其“光荣”的甲胄。

忽然间，一阵骤雨般的飞箭漫天蔽日地射进了营帐里。

在各帐之间狭隘的空隙里，还堆挤着许多叉来叉去的绳索、行李箱箧以及惊慌的马匹，叫喊相挤的人们像稻草般纷纷被割倒在地。

其中少数人能幸运地碰到一个出口。蒙古人则伏兵专门应付这种脱逃的企图，想逃的被他们杀尽了。但是，别剌王仍然逃出来了，并想向西南方逃走。他的马三度中箭，幸亏他的一名卫兵像一个活盾似的，替他挡住箭雨，救了他的性命。国王的兄弟尽管身上受了重伤，但也逃了出来。他飞马奔到布达佩斯，警报国中百姓，劝告他们尽快逃走。几天之后，他遍身是血地倒地死了。

在别剌王逃走的时候，营盘在焚烧着。蒙古兵给殊死作战的匈牙利兵让出了一条往北的路。接着，蒙古军分兵两侧向前追去，他们要把这人山人海赶往一个大盆地去，这是他们事先计划好的。没有死于亚细亚人的矢石之下的人们，也在那个大盆地里被消灭了。

10 万匈牙利兵，除了少数几名外，几乎都丧身于摩喜平原。但拔都的军队，在敌国扑灭了人数比他们多的敌人，自己却几乎没受什么损失。速不台的蒙古兵采用他们典型的作战计划，精确而无情，后来都准确地计算到一切的时间与距离。另两支军队，即南路军与拜答儿军，则周游于波兰与西勒西，根本无须加入这方面的作战。

在多瑙河的北面与东面，匈牙利的少数居民得以保全了性命。在一种精密的伪计之下，蒙古人不但阻止了这些不幸者的抵抗，还能预防他们逃走。在萨约河战役中，别剌王的宝印就已落入他们手里。他们于是以别剌王的名义颁布了许多敕令，命人民安静地待着，不得离开他们的住所，这些伪造的文书上说，他，别剌王，最近就要带大兵回来，将驱逐那些“异教的狗”出境。

可就在这时，别剌王不想抵抗了。他逃到了奥地利境内。在那里，他立刻被他的宿敌腓特烈大公拘捕了。奥地利人利用当时那个状态，迫使匈牙利王献出巨金并割让一州后才肯把他放走。后来，腓特烈甚至闯入别剌王的国境，与蒙古人比谁的破坏力更强。

被放出之后，匈牙利国王前往克罗阿惕，在那里，他接到了欧洲各国君主的唁书。然而，他的基督徒兄弟丝毫不作任何援救匈牙利的行动。虽然教皇愿意叫人组织十字军，但只限于保卫匈牙利境内——然而，匈牙利已全部被蒙古军占领了。这种情形下，为征讨日耳曼皇帝而组织十字军的命令却仍然没有撤回。教皇宣告说，日耳曼皇帝在取得权力前，必先顺服。日耳曼皇帝正向罗马进兵，他便对别剌王说，等他降伏了教皇后，他才能援救匈牙利。同时，他准许他的 13 岁儿子在日耳曼境内动员一支军队前往讨伐蒙古人，并向这个小孩——“日耳曼王孔拉德”承诺，他将于攻打世界征服者的军队之时得到他的刺马铁（权力的象征——译者注）。但不幸得很，他的军队始终没有召集起来。

在这期间，蒙古人自由自在地在匈牙利安顿了下来。他们将匈牙利分为若干行政区，设置地方长官，征收租税，甚至铸造钱币。在这块广大的荒原里，他们感觉非常舒适，像在他们自己的故土上一样。匈牙利人与蒙古人彼此互表着许多家族的亲热情绪，这甚至让他们自己都深感惊异。匈族帝国的过去与阿乏尔族的入寇情形，都复现出来了。许多匈牙利贵族都愿意将女儿嫁给蒙古王公或蒙古将官，这既是为了光彩，也是为从中所产生的好处着想。在另一方面，蒙古人采取了一种人种政策，冲突一停止，他们就很宽待他们的近亲匈牙利人，而有计划地斩绝日耳曼与斯拉夫后裔（这可能为欧洲人的谣传——译者注）。

有关蒙古兵种种行为的消息传到欧洲后，事实就被过分地夸大了——而且可以说是尽量来夸大。例如，有一个史家——实则是一个爱开玩笑的人——称蒙古人尽食其所杀死的人，王公与军官们将年轻的妇女留下，而把老丑的妇女宰杀掉，将她们的肉逐日分配给军队作口粮，特别是乳部成了上等品。这种传说当然是一种愤慨的臆想，但它明显地揭示出欧洲开始陷于昏昧，脑海里只有蒙古人及其凶残表现的存在。当然，拔都军队在匈牙利所施的暴行，在那些传言中有一部分是真实的，亚细亚史家的叙述虽然有的地方不无虚夸之处，但总有其真实的成分存在。

拔都稳定了匈牙利后，1241 年冬渡过多瑙河，穿行于斯洛维尼、达尔马提与奥地利的一部分。他的军队一直抵达了维也纳新城亚基列及加他罗。大家非常害怕蒙古军侵入日耳曼帝国。日耳曼足以抵御蒙古军的军队还没有组建起来，许多城市的民众则积极修建环城防御设施。蒙古人甚至成了西欧市场上鱼价高涨的罪魁祸首。因为法兰西与瑞典的渔人害怕在他们外出期间村落被蒙古人焚毁，这一年都不敢出海捕鱼。

腓特烈皇帝是少有的在危难中不失幽默精神的人物之一。当拔都遣使逼他即速前往和林，接受其宗主蒙古大汗授予的官职时，他就回答使者说，他充其量不过以养鹰者的地位去和林，因为这是他所擅长的技能。

这句玩笑话极易产生负面的效果。当蒙古人要出兵打仗的时候，总能轻易地找到一个出兵的借口。当一个国家突然来了这一类使者时，就等于其覆亡命运的开始。拔都当初派遣使者时，当然已有了一个非常明确的目标，因为他并没有那么傻，会认为腓特烈将马上跑到和林去。恰恰相反，他认定对方一定会拒绝，那么他就可以出兵讨伐了。

1242 年夏天，正当不测的大局似乎无可避免之时，事情竟然发生了奇异的逆转：蒙古兵全部集结，装载了战利品，从德兰斯发尼与布加利亚走向了东亚细亚的归途。欧罗巴幸免于难了——当然，并不是毫无所失。

究竟发生了什么事情呢？拔都于春天接到了叔父窝阔台于上一年 12 月去世的噩耗。如此一来，拔都对汗位的继承与遗产的分配问题非常担心。无疑，他也怕别人利用他的远征而觊觎他亚细亚东北部的封地，因为他深知皇室其他各支对于他这一支的仇视情绪。很早之前，他的诸从兄弟王子有一部分已经离开军队回到东方去了，这其中就有窝阔台的儿子贵由，此人后来继承了汗位。因为忧虑可能的阴谋，拔都便决意回师，速不台当然也不能强留他在欧洲。拔都已经打够仗了。

第十章
成吉思汗之孙

随着忽必烈的登基，蒙古历史开始了一个新阶段。从前是站在中央亚细亚的中心点统治那一整个俯临世界的帝国，现在则成了三个从此互有密切联系的大国：在东亚的大元帝国，在俄罗斯的钦察帝国及波斯汗的帝国。这三大国各自适合于一种人种或一种文化，这一事实就使得他们各自采取不同的支配法则，从而也必将导致他们越来越快地分离。不久以后，蒙古贵族只是形存而神不在，外来的民族性则畅流其中。战败者开始吞噬战胜者了……

在那些捷报、行军报告以及战绩报告之中，拔都曾寄了一封信到哈剌和林，窝阔台在死前不久接到了。这封信使可汗大费思虑，因为拔都在信中对随军出征的许多弟侄大加控诉。这些年轻贵族从孩提时代即被娇养、恭维惯了，生于光荣灿烂之中，不能受人羁勒，不懂礼貌，不知规矩。

拔都在信里写道：在一次宴会中，他自以为可以第一个先饮——以其长兄及总司令官的地位，他理应先饮的。但那些年轻王子，特别是窝阔台系与察合台系诸王子，竟谩骂他，叫他“老太婆”，并做出了无礼的举动。他心中极其悲痛，要求可汗采取断然的处置措施。

事情原本不是特别严重的，但“老太婆”这个词使之严重恶化了。像嫡子地位不断被人猜疑因而心怀狭隘情绪的他的父亲一样，拔都同样是极易激动的。窝阔台明白事由后，只表示了他的歉意，并称他无处分的权能。事实上是，一方是窝阔台系与察合台系的子孙，另一方是术赤系的子孙，彼此紧张的敌对局面，无论如何总是帝国团结的隐患。如果我们知道东亚细亚如何重视礼仪，就能明白，关于礼仪的一番争端很容易突然掀起轩然大波。

窝阔台心中还有关于内部政治的其他忧虑。当初他想立为储君的长子，却死于征伐南宋的战役中，造谣者竟说是中毒而死。现在他希望立他的孙子为大汗。可是，在他还在世之日，已经发生了反对这个尚未成年的王子的激烈行动。

窝阔台死后，察合台暂时总揽政权。但他不过比其兄弟多活了几个月而已，他也像成吉思汗的一切后人一样，做了酒的牺牲品。在父亲死后 15 年，这第二代就全部逝去了，他们曾以克己与无私的精神来治理父亲留下的伟大遗业。如今到第三代了。第三代天赋也不差，但都比前人骄纵，较为自私而又怠慢。他们现在终于得到其所冀望的威权了。成吉思汗"团结到底"的遗训此时徒成一纸空谈，而维系这个征服者的无数子孙的血统关系也日渐松散了。

窝阔台的遗孀原应替其丈夫的孙子摄政，直至继承人成年为止。但她早已预谋不将汗位传于这个孙子，而是传于贵由——她自己的宠子、窝阔台的第二子。她认为，贵由作为弟弟，比其侄子更有继承汗位的权利。

蒙古的继承法第一次出现了重重危机。的确，继承的权利并不总是由父传子，父亲的兄弟也有同样的权利。这种体制本是由游牧民族反对亲属个人主义的情绪蜕变而来，结果却成了政局不稳定与争端迭出的永存根源。按照蒙古帝国的法规，我们可将蒙古的政体称为选举的独裁制。它虽然默认唯有成吉思汗直系才能握有君主权，但它仍允许人们选立皇室的其他宗支。如此一来，紊乱的事情就只会增加了。

还有一派也极力想在汗位继承问题上占据优势，这就是耶律楚材领导下的改革派。很久以来，他们一直暗中打击窝阔台系与察合台系所代表的保守的旧蒙古势力。他们希望自这时起，将汗位由窝阔台系移至拖雷系，他们将未来的希望寄托在忽必烈身上。忽必烈是拖雷的儿子，是改革派明显的宠儿，且自从老成吉思汗有一次专门对他说了一句赞语后，他也在人民心中博得了极大的认可。耶律楚材曾让他接受汉文化的教育，并将希望寄托于他的身上。术赤系的子孙宁愿让拖雷系子孙继登汗位，而不愿窝阔台系子孙在位，他们便极力扶持改革派。但是提请忽必烈继承大统的时机尚未成熟，耶律楚材须审慎从事。各王子曾对窝阔台系做出的“永远”忠诚的誓言，成了保守派手中危险的武器。因此，耶律楚材派与术赤的后人决定支持窝阔台之子贵由继承汗位，反对窝阔台之孙继承。他们于是与摄政皇太后联合起来，这并不是因为他们拥护她所提出的候选人，而是因为他们觉得贵由不利于他们的地方相对较少。窝阔台之孙还是一个小孩，将来极可能长久在位。相反，他们可以预期贵由不久将要死去，因为他是一个荒淫无度者。那么到下一次选举，他们就将要表明其真正的心意了。

1247 年，即皇太后摄政 5 年后，大会推举贵由为大汗。拔都因“老太婆”的仇衅怨恨，不愿低头拥戴，便不亲自来朝，但派了使者来表示他同意这个结果。与这位使者同来的还有一位俄罗斯大公，这必然是为了在亲爱的亲属面前显示拔都的权力与功绩。

1247 年的大会极力展现了空前未有过的一番盛大气象——或许是因为要将裂痕掩饰得更好些，两千座大白帐篷才容纳下那无数的宾客。大半个地球上的王公与使臣都拥到这一方寸之地，有的甚至来自欧洲与非洲。连二度出征欧洲归来的老速不台也来了，但只稍作停留后他立刻又跨上马鞍，去指挥征伐宋朝皇帝的军事行动。取得新的胜利之后，他回到了怯绿连河的树林中。他自愿隐退。作为成吉思汗少年时代的最后一个伴侣，80 多岁的他开始安安静静地在其童年时代的帐幕中度过暮年。他曾 4 次跑过地球一半的地面，打败了 32 个国家，在世界各地里赢得过 65 次胜仗。

在这次大会期间，贵由连三接四地宴请来宾，极力想在皇帝的威仪方面超过他的父亲。他提空了国库的存金，在帝国各地购买无数的珍宝散发给人民。在两次连俘虏和奴隶都尽量给予赐品的大赏后，他看见国库仍然没有枯竭，于是下令打开国库，准许人民入内劫掠，以供他与王公贵人作乐。这个奇异的君主不去出征和劫掠外国，而是劫掠自己国库的宝藏！这简直是戏园里的一场表演。成吉思汗的这个孙子简直将其祖父时代流血牺牲开创的基业当作了儿戏。

在前往哈剌和林的无数装饰华丽的人群中，有两张黯淡无光的面孔，他们衣着褴褛，显得与众不同。这两个人乃是教皇派遣的意大利行乞派修士，他们心中有着完成从欧洲至东亚的徒步跋涉的宏愿。

现在，我们明白了为什么教皇在欧洲伸手都能接近蒙古人时却力避同他们过激用事，因为教皇决心要让大汗及其无数人民成为基督徒啦！尽管这第一次传教的尝试办得的确不巧妙。

这两个行乞派修士献于大汗的贡品是那么微贱，但教皇信中的话却是那么妄自尊大。教皇开头就以严厉的口吻责备蒙古人在欧洲的行为，并说，如果蒙古人仍怙恶不悛，那将必然遭受天谴；随后，他以简短而切实的方式，要求大汗接受基督教洗礼。“塔塔儿”人刚刚离开，欧洲又找回其安全感与傲慢了。

贵由自然有理由痛斥这些“自负的西方人”，但他的回答却很幽默。他说，上帝将驯服地上不服从的民族的工作留给了蒙古人。蒙古军队的到处胜利就可证实他们的神圣任务。上天并不怜惜信仰基督教的日耳曼人和匈牙利人。关于接受洗礼这事，他，贵由，还不十分确信自己是否已经是一个基督徒。他对这件事不确定，因为他对各类宗教都不感兴趣。因此，他向教皇建议，请其到哈剌和林来，由其本人来验证。此外，蒙古人也可以到罗马去。无论如何，下次教皇再向其宗主致敬的时候，他应当派遣比较适当的使者并携带比较丰厚的贡品。

我们应该相信，聂思脱里派教徒与大汗的这封狡猾的回信并不是完全无干的。好几个世纪以来，聂思脱里派因其为分离派而被人驱逐出欧洲，且被摒于诸教之外，他们因此对罗马教宗怀着深仇。他们在哈剌和林的作用是极广大的。贵由打破了一直以来的宗教中立原则——或许他的诸妻中有一个是聂思脱里派教徒，他深受她的影响——赐给聂思脱里派教徒非常优渥的特殊利益，致使他治下信仰其他教别的人民都愤愤不平。于是，在这个柔弱无能的君主的统治下，种种社会病态也层出不穷。贵由的疯狂挥霍，更使得国家负债累累。他不谋划增加税收之道，反而将重大的免税权赐给一些宠臣。耶律楚材从前就受过保守派阴谋的陷害，现在目睹这种种不正当举动频生，也无能为力。反改革派拥立了一个畏吾儿人以代替耶律楚材，此人以苛酷的手段来管理汉地。耶律楚材就在这种种变化中伤怆而亡，但他的朋友们则高声推崇他。在他死后，他们仍然替他的理想作了一番机巧的宣传。事实上，他的生存末日并不是那么苦楚的：改革派的胜利就在眼前了。 204

贵由于即位一年后死于荒淫无度，幸而他早逝了，不然还会有一番范围广大的灾祸产生。帝国的基业动摇了。当年贵由登极庆典之时，就差一点儿上演了一次叛变事件。那时，有一个几乎被人们遗忘的成吉思汗的兄弟，有了觊觎皇位的企图。他从蒙古腹地向哈剌和林出兵，态度咄咄逼人。但是，就好像没有一个人看清他的居心似的，他居然在最后一刹那将其军队改为了“进觐仪仗队”。到贵由死后，喜剧就变成了悲剧。

贵由死后，拖雷系与术赤系的后人立刻切断了一切交通，并设立了一种严厉的信息检查办法。他们在拔都的势力境内迅速召集了一个大会，在忽必烈缺席的情况下——此时他在汉地，来不及赶来——大会便选立忽必烈之兄蒙哥为汗。

窝阔台系与察合台系的家属恐慌无状，极力反对此种举动。他们宣告，按照惯例，帝国大会应召集于蒙古发源地。因此，改革派便在哈剌和林另召集了一个新大会。然而，拔都带着雄壮的军队来到哈剌和林，使得改革派没敢出席他们所召集的大会。这正是拔都所希望的。而窝阔台系与察合台系各王子虽然被数度邀请，但他们始终不肯出现，这样，蒙哥的当选事实上得到了承认。同时，窝阔台系与察合台系两族不服从的王子被带到法庭审讯。蒙哥便趁这个机会，迅速地扫灭了这些罪人。同时，他将几个无罪者也一并处死，一大批王子被处死，曾被拟立为大汗的窝阔台之孙也在其中。因为札撒克是禁止使王子流血的，所以死罪者被包在丝被里，一直捂至断气为止。

蒙哥大汗于1251年即位，他将帝国的领土进行了重新分配。在窝阔台系被废除之后，汉地无主，于是由蒙哥之弟忽必烈领受；波斯及一切西部领土都归拖雷第三子旭烈兀掌管。蒙哥与拔都王国的关系稳固，拔都王国的领地没有丝毫更动。按照成吉思汗的遗嘱，大部分的军队是在拖雷系手里的，而他们现在又是最有权力的了，其他人想发动政变是不可能的。只有窝阔台的一个儿子自立为大汗，仍在外蒙古北部支持了好几年，他的军队曾在那个区域与蒙哥及忽必烈的军队打过好几次仗。

帝国能安稳渡过最剧烈的政治乱潮，而且能比以前更加巩固，这完全是帝国堪作模范的军队的功劳。即使是在极度混乱之际，军队也从来没有按其本身的意志而企图摇摆。在这一类的军国历史里，这是绝无仅有的事实。这个庞大帝国的各民族不趁朝中内讧而群起叛变，也完全是靠随时处于戒备状态的军队。军队内没有发生任何纷扰的事情，行政机构始终没有动摇，这简直是令人不可思议的奇事。

随着蒙哥的即位及重新分配各地，帝国的稳定得到一定程度的保证。大汗领地、汉地以及帝国的西部都在拖雷系的掌握中，他们与钦察国的君主十分融洽。力量薄弱的反对派，特别是被废弃各族在逃王子所领导的大批党徒，势力范围仅限于蒙古北部及突厥斯坦的几个地方。那些地方从前是蒙古势力的核心，现在它们的重要性却不断减弱。很久以来，基于经济方面的原因，帝国的重心不断地向周围转移，商业在边境上昌盛起来，海岸贸易也开始繁荣起来。不过，有这异动的一点在中央存在着，就迫使主宰者对他们始终维持着监视，这倒成了欧洲之福。如果没有这种情形，西方各国将难逃蒙古人的再度惊扰。

内部有政治乱潮，同时帝国的重心外移，这种情形是最后这几十年中，蒙古国家结构方面所产生变化的明显征兆。窝阔台系与察合台系的残余求存于中央亚细亚，在理想上、血统上以及生活的状态上，实际代表着真正的蒙古主义和保守派的要素。至于北部、西部以及东南部的王公大人则改变得越来越多，正走向其所征服的国家与文化的趋向。钦察人采取了俄罗斯特殊环境下的那一套，旭烈兀的后裔在波斯变成伊斯兰教信徒，忽必烈治下的蒙古人越来越汉化，汉文化将迁入的一切外来文化都完全消化了。从前植于亚细亚腹地贫穷而洁净的荒原里的蒙古国家的本根，现在被中央这种萎靡状态、被这些排弃发源地的行为消磨至枯干了。自这个时候起，精神复活再也不可能了。

这种变化的必然结果就是，在文化上、数量上大大超过蒙古人的那些被征服民族的势力大大增强了，因为在中央方面完全没有对抗力的存在。内部的分离就这样暗中开始产生了。

但在这一刹那，成吉思汗系的明星光环却显得那么光耀、明亮。据蒙古历史学家撒难薛禅说："鉴于大地的幅员无止境，蒙哥汗决意派遣诸兄弟与诸将领征服世界上的一切地方，至于他本人，是那么适合最高君主的地位，留在帝国中心，评公理以治天下，坐享其昌盛国祚。"

他登上汗位的纪念日成为国庆日。在这一天，人们禁止从事任何劳动，甚至禁止骑马和屠宰牲畜。在这几年中，哈剌和林实际上成了世界的中心，荒原孩子的原始本质却混杂入了亚细亚极度的文雅，甚至于欧罗巴文明。蒙古人的喜奇癖在容量方面的增进超过在深度方面的，他们醉心于从量的方面来满足心性。诸汗所资炫耀的，无外乎拥有最多数目的马匹，招引最长的商队来朝，受授最丰厚的礼品。每日有500辆车运粮食供给内廷，君主的卫队人数多达万人，他们一星期中每日都有特殊的服装和特殊的颜色。蒙哥每日接见成千的客人，这些客人的宴会服装都由他免费供给。这样，一些粗野而伟大的亚细亚式故事便在戈壁沙漠的边际产生了。

我们找到了一篇有关蒙哥朝的有趣记述。这篇记述出于一个“野蛮人”之口，此人以无比惊异、诚惶诚恐的笔调极力描绘了这个奇特瑰丽的地方，特别有趣。这个“野蛮人”叫罗伯鲁，是一名法兰西教士，同时被教皇和法兰西国王派往哈剌和林，希望他能消灭数年前两个游方教士在和林留下的不良印象。

这一次教皇比较谦虚，他请求准其在蒙哥的帝国内设立教堂。而法兰西国王正处境困难，他希望蒙古助其讨伐伊斯兰教教徒，为表修好之意，他还献上了一份精美的礼物——十字架。

罗伯鲁的任务完成得不是很好。当他到达蒙古帝国的前哨时，他承认他还不知道他将要进觐的大汗的名字。前哨的长官是一个亲王，便对这种几近侮辱大汗威信的无知非常愤怒。第二次不幸的事发生于罗伯鲁被逼跪地，以接受镌有蒙哥国玺的通行证之时。这个骄傲的欧洲人——他以严格的修士立场自律，不愿乘坐供其使用的蒙古马，因而他的双脚已经麻木无知觉了——宣言他只能向上帝下跪。这位长官在知悉了那块十字架及其意义之后，十分惊异。他们素受教训，且只信不可见的上帝成吉思汗，因而他说："你们基督徒，竟然崇拜一块枯木。为什么你们不愿意向一个人下跪呢？"罗伯鲁不能泰然应对对方这种不了解情况的态度，这位长官也摇摇头打发他走了，并嘱其前往哈剌和林。

罗伯鲁经过一番辛苦的跋涉，举步维艰，两腿遍生疮腺，终于来到哈剌和林。朝廷立刻命他入觐。罗伯鲁战战兢兢地叙述说，他如何经人警告，在入皇帐时不得触着门限，否则要被砍头，及他如何因为尊重礼仪而吃了少许的肉并喝了马奶。他似乎较喜马奶酒。

蒙哥居于诸妻与朝中贵人的围坐之中，坐在铺着华丽兽皮的宝座上，以非常和善的态度接见了这个教士。不幸的是，他们的谈话不久就停了下来，因为大汗及译人，甚至罗伯鲁自己，都已经喝醉了。

在找到了一处居所住下来并医治伤足后，罗伯鲁开始打听基督教在哈剌和林的状况。有一段时间，他在城中闲游，参观汉人及畏吾儿人的住区，在那里，他看到了许多奇异而可怖的事情。最后，他找到了一个聂思脱里派教士，他觉得这是一个肮脏而腐败的人。而他们"苦大仇深的兄弟"对他也是完全不信任的态度。但最终，这个聂思脱里派教士许可了罗伯鲁在聂思脱里派的教堂中举行一次弥撒。他以骄傲的态度叙述道：这座教堂是受大汗的命令建于皇宫旁边的，为的是大汗能在进餐之时聆听宗教诗歌。

皇后竟也来参加了弥撒典礼，而蒙哥出于以仁慈的精神对待祈祷典礼，也来参加了，但他很快就离开了。但这次祈祷典礼却是以罗伯鲁意料之外的形式举行的。本应致给上帝的敬礼却一大部分给了大汗，聂斯脱里派教士更多次吻十字架和大汗、皇后的手。尽管上帝及罗伯鲁对基督徒的仪式发生这种改变感到不满，但帝后们广施其恩泽，从中受惠最大者则为聂思脱里派教士。当大汗前往另一种教别的处所后——他参加一切教别的典礼。基于政治的原因，也是基于从中取乐的原因，在他的帝国内，一切宗教都很昌盛——他的臣下就带着丰厚的赏赐到聂思脱里派的教堂来，信徒们则宴饮作乐。当气氛达到最高潮的时候，他们决定在城中组织一个基督徒游行队伍，据罗伯鲁说，这是要激怒伊斯兰教徒及偶像奴隶（即佛教徒——原注）。

沉醉的聂思脱里派教徒唱着、喊着，捧着摇来摇去的十字架周行于哈剌和林的街道上，而我们这位教廷使者则心肠欲裂地一跛一跛地夹杂在他们中间。如果蒙哥不是忙于走遍城中各处寺庙，他也可以聆赏这些圣歌。

教皇所请求的在蒙哥帝国里设立传道院一事被拒绝了，罗伯鲁在居留两个月后，也被礼貌而坚决地请离了哈剌和林。当准备启行之时，他与被命运摔到亚细亚腹地的几个同胞有过一番有趣的谈话。这个称雄世界的帝国的都城养活了一群来自地球上各个国家的冒险者、艺术家、发明家以及投机者，其中也有一名巴黎的首饰匠，名叫布涉，他曾为蒙哥制作了一个作品——就像现代美国式的贮水壶。罗伯鲁对它的描述如下：一棵纯白银制成的空心树，中间有一座旋梯。在树根处有四头精铸的银狮，口中各喷出马奶酒、蜜酒、米酒、波斯酒。树顶立着一个手执喇叭的天使。树下的四种酒源如果有一种将告涸竭，天使就吹动喇叭告警，那种酒便立刻被送来了。

作为基督教象征的圣像，竟用来吹喇叭提示加酒以表示对蒙古人醉酒的赞同。但罗伯鲁没曾注意到这个事实，他仅以惊奇的态度述说，布涉曾从大汗处领到3000个银币，从而以这些材料制造了他的杰作。

一方面是这种奢侈无度的耗费，另一方面，蒙哥也着手整顿在前人手中大受亏损的国库。国家的债务堆积如山，仅依靠各省上缴的赋税来填补。在许多地方，大汗会重新灌输蒙古的严格习尚；但在另一方面，他又显示出追随那些被征服民族的趋向，而那些被征服民族是成吉思汗的子孙迄今所从未意识到会受其影响的。耶律楚材道德化的影响起作用了。所以，蒙哥曾因儿子在出猎中蹂躏民田而施以其严厉的惩罚，汉人军队中有一名士兵未奉征收命令而擅取民间一根葱，便会被逮捕入狱。这些小事不仅表明从前借劫掠得来的广大地盘，现在变为了一个秩序井然的国家；而且使人明白了为何在蒙古法律下一切亚细亚宗教都能存在。

纵横数万里的地面上前所未有的太平与安全，贸易空前的繁盛而畅通。因为此时政治清明，人们甚至甘愿接受某种程度的严厉政策，因为大家知道，现在的社会是唯一的、可畏但是公道的政府在操纵，而从前则是千百个贼头任意横行，且迫使各民族互作永无休止的斗争。绝大部分人民都感觉没有从前那样受人压迫，因而对已经被消灭的本地王朝并不曾流下一滴同情的眼泪。

帝国唯一的大危机便是各种宗教的斗争。伊斯兰教徒、佛教徒、萨满教徒、聂思脱里派基督徒，等等，大都假手女人力求在大汗身上得势，且激怒大汗反对自身以外的宗教。正如蒙哥所做的，只要他维持中立地位，对一切宗教信仰都表示同样的赞成，那么，危险的暗礁总有办法躲避。各类宗教都自以为得到哈剌和林大汗的支持，大汗国甚至成了它们唯一的安身所在。正在发展的佛教也趁着统一的大帝国所提供的客观机会而扩大其势力。在蒙哥的军队征服了整个西藏，及毁灭了由一种宗教统治阶级所统领的特殊团体的一切根苗后，佛教开始同化于新的环境，且逐渐成为一种超民族的世界宗教。自成吉思汗开始的打击西夏人的破坏战，于蒙古的对外胜利中结束了。但被破毁的仅是外表而已。佛教的教义打开了一切民族间的障碍，昂然兴起去征服亚细亚了。

聂思脱里派教徒也极力勾结大汗国，希望在亚细亚恢复其在欧罗巴所失的地位。伊斯兰教徒呢，也如聂思脱里派脱离罗马教皇一样，因教义上的分歧而与巴格达哈里发发生龃龉，也将希望寄托在蒙古人身上。这就越来越彰显出成吉思汗所树立的宗教放任原则，也是他经国大道的核心，是适合亚细亚环境的唯一可行的态度。

不幸的是，蒙古的主宰者将这种放任的政策放任得没有边际了，他们竟准许他们的诸妻随便信奉任何一种宗教。这就太容易使这些主宰者在不知不觉之中跳出其华丽的中立地位了。

蒙哥的弟弟旭烈兀之妃（名脱克思，王罕的孙女——原注）信奉基督教，她日夜在丈夫面前鼓动其出兵解放耶路撒冷圣地。于是，旭烈兀于1250年后的那几年中出兵西亚细亚，并以打击伊斯兰教徒为目的。事实上，远较贤明的方法应是以民族目标为其行动纲领，或充其量以其政治教导者的资格与巴格达的哈里发斗争。从此以后，许多从前忠实于蒙古的伊斯兰教徒不免因而怀疑蒙古帝国的宗教中立态度了。

旭烈兀这次大规模出兵是经过一番周密准备的——帝国各部分都派了军队参加。在一年前，他们已经下令在军队途经的蒙古至美索不达米亚的路上，沿路留下数公里之广的草地，以保证草料不至于欠缺。当地居民须修缮波斯及河中府的道路，所有路上的石头也都要挪开。

动员令涵盖全体国民，整个蒙古帝国成了一个大战场。武装出发者不仅仅是旭烈兀而已。在欧洲，拔都进军芬兰与北冰洋。大汗则亲征南宋，计划与其弟忽必烈永远打倒宋朝的皇帝。

旭烈兀的第一步工作便是消灭了西亚细亚的亦思马因派（伊斯兰教什叶派的一支）。这个教派的信徒也被人称为“阿萨新”（原意是穆斯林中右翼教派的激进主义分子组成的刺客集团。他们使用古代波斯相传的一些暗杀技术，令十字军或其他教派的人谈虎色变。他们组织严密，行事诡秘，应该是比日本忍者更早的专业间谍集团——原注)。他们常在喝醉了麻叶酒之后行动。他们以毒药与匕首有计划地推广其宗教的宿命论。但是，随着时间的推移，他们不仅成了公然丑事的本体，而且发展成为一个危险的搞各种地下行动的政治团体。亦思马因派之主号称“山中长老”，成了恐怖主义的象征，他的威名曾由十字军带到欧洲。法文中的“谋杀”一词就留有那些东方杀手的教义痕迹。

马可·波罗在其波斯的行记中，曾叙述过“山中长老”是靠什么吸收那些盲目效忠的信徒的，及他又是如何得到神圣先知者的名望的——他这种神圣先知者的地位在于他能为凡人打开进入天堂之门。

“山中长老”建造了一座大堡垒，四周以高墙围绕，禁止任何外人进入。如果“山中长老”选中一个人来充当实施他计划的工具，想对此人表现他至高无上的威力，他便将一种剧烈的麻醉物投到这人的酒中。于是，此人就在失去知觉的情况下被抬到堡垒里。这位老术士事先在堡垒里修建了一个尽美尽善的乐园，它完全跟《古兰经》向信徒们所描绘的乐园一样，并且立刻可以使用。那里面有花园，有喷泉，有禁酒放在桌上，有陈设华丽的亭榭。还有许多美丽的仙女，那些快乐仙女假装住在乐园里，翩翩地往来各处。当这个被迷醉的人——大抵是山中一个饥饿的穷牧人——醒过来后，他真的以为自己到了天堂。在若干天中，他可以随意吃喝游乐，园里的仙女同样随便供他享受。之后，他再一次被麻醉，被人从堡垒里抬出来，带到“山中长老”面前。“山中长老”就狡猾地问这个从天堂里回来的人说：“你到哪里去了？”

他的回答是：“哦，先知大教主，靠您的仁恩，到了天堂哟！”“现在你可以相信我能随意使你快活吗？”我们可以明白，那些曾得了神奇好处的傻子为什么能够完全服从先知大教主的命令，去毒杀、去扼死教主指定的人，直至置自己的性命于不顾了吧。因为他们急于回到乐园啊！

旭烈兀的军队不久便将阿萨新人奇伟瑰丽的乐园解决了。教主的军队都逃进山中那些不易进攻的堡垒里。那些堡垒或被蒙古兵冲破，或困于饥饿，都一一被打下来了。西亚细亚终于脱离了亦思马因派的笼罩。

旭烈兀于是向巴格达进兵。他的逼近令美索不达米亚的居民非常恐慌。数十万的逃亡者急渡达遏水（即底格里斯河——编者注），而那些船家在数小时之中就成了巨富。哈里发身边有的只是柔弱的大臣与宦官，他的武装是很落后的。在他无力抵抗之时，拥有八十万居民的巴格达城已被蒙古军包围，攻城的器械已排列城下了。蒙古兵砍下附近的棕榈树，将树干装在炮机上轰击城墙。当第一道门被撞开时，哈里发就丧失了战斗的勇气。他献出伊斯兰的圣殿与亚细亚的繁华都市巴格达城向旭烈兀投降。但他希望赦罪的请求来得太晚了。城中只有基督徒及一些外人得以幸免，其余人等逃的逃，死的死。黑衣大食朝历经500年搜集自世界各地的无数珍宝，都落入旭烈兀的国库中了。这最后一个哈里发宫中的300名妃嫔及千名宦官也都被蒙古军俘获。

哈里发被人带到此时称“波斯汗”的旭烈兀跟前。波斯汗对他说：“把你的金子吃了！”哈里发回答道：“这，我可做不到。”波斯汗便问道：“你既然不能把它吃了，那你为什么把它藏在你的柜子里呢？为什么你不把它散给你的人民，使他们做你忠实的臣民呢？为什么你不把它制成箭镞以射死我们蒙古人呢？”

“一切都是天意啊！”这个忍气吞声的囚人回答道。旭烈兀是完全不信且鄙视这种宿命论的，他回应说：“那么，你今日到了这种地步也是天意哟！”哈里发便被幽禁在金塔里，在四围遍布的珍宝之中，渐渐饿死了。(《多桑蒙古史》，冯承均译本，第88页。——原注)

但旭烈兀之妃所构想和鼓起的解放圣地的目标并不曾实现，因为旭烈兀无法协调西方贵族。另外，如何治理新被征服的各地方，也正使旭烈兀大费精神。小亚细亚那些独立的君主都纷纷屈服于他的权力之下，他的势力范围从河中府扩展到了地中海。西利亚的基督徒小王国也匆忙向旭烈兀纳贡。各国君主竟求臣服的现象打破了纪录。其中有一个国王甚至献上一双靴子给旭烈兀，并亲自在靴底绘了自己的像：他说，如果可汗施恩天天踩在他的脸上走路，他将不胜荣幸（此人叫也速丁，先以军队抗击蒙古军，失利后以此求得了旭烈兀的赦免，使得他的弟弟与他分国而治——原注）。

当旭烈兀在欧洲的门户建立起一个蒙古新帝国之时，蒙哥大汗则死于征伐南宋的途中。他身先士卒，架云梯进攻南宋的一处城防之时死于军中（1259 年，南宋钓鱼山——原注）。

蒙哥是驻跸于游牧旧都哈剌和林的最后一个大汗，且是以严密机构治国的最后一个大汗。他去世后，其弟忽必烈继位。这一次，蒙古并没有召集大会。忽必烈登基久已成为议定的事实，波斯的旭烈兀和钦察的拔都只派了使者来表明他们的同意。忽必烈以大汗的资格获得蒙古全部领域的主权，其前任蒙哥汗当时是“留在帝国的中心，凭公理以治天下，坐享其昌盛国祚”，而将帝国三部分的管理权付于诸兄弟与诸从兄弟，忽必烈则同时成为直接统治汉地的君主。基于这个地位，他采取了一个关系重大的步骤，即将都城从哈剌和林移往北京。

随着忽必烈的登基，蒙古历史开始了一个新阶段。从前是站在中央亚细亚的中心点统治那一整个俯临世界的帝国，现在则成了三个从此互有密切联系的大国：在东亚的大元帝国，在俄罗斯的钦察帝国及波斯汗的帝国。这三大国各自适合于一种人种或一种文化，这一事实就使得它们各自采取不同的支配法则，从而也必将导致它们越来越快地分离。不久以后，蒙古贵族只是形存而神不在，外来的民族性则畅流其中。战败者开始吞噬战胜者了。

起初，上亚细亚的巨涛在大陆上泛滥，颠覆了一切，变动了一切，后来渐趋安静了。亚细亚达到了前所未到的均衡状态，祸转为福，游牧生活之动与农业生活之静结合起来，丰腴的国家重现了，在此后数十年中，产生了蒙古文明的最灿烂之花。

第十一章
功行圆满

欧洲第一个质朴而真实地记述蒙古帝国状况的人，却没能得到多少读者的信任。人们嘲弄他，叫他“满口百万的骗子”。在他弥留之际，教堂还逼他承认自己记述的荒谬，并以地狱的冥刑威吓这个执拗的“罪人”。然而，马可·波罗至死都不肯对他的记述变更一个字。这个13世纪的伟大商人、旅行家与探险家，已经具有文艺复兴时代人物的明澈而深邃的眼光。他以科学家的责任心和不偏不倚的精神来研究他眼中的外部世界。同样，他所记述的蒙古帝国也大大超过中世纪时代欧洲的那些小国。与那个亚细亚大国的幅员之广大与物质能力之高超相比较后，欧洲那些小国的技术与社会体制便无足称道了。

欧洲第一个质朴而真实地记述蒙古帝国状况的人，却没能得到多少读者的信任。人们嘲弄他，叫他“满口百万的骗子”，因为在他的记述中，“百万”一词占了极重要的地位。在他弥留之际，教堂还逼他承认自己记述的荒谬，并以地狱的冥刑威吓这个执拗的“罪人”。然而，马可·波罗是一个信仰坚定的基督徒，至死都不肯对他的记述变更一个字。

很多年过去了，平素那么容易轻信的欧洲才承认了它过去对待马可·波罗的不公。哪怕是最令人难以置信的传说，足以使阿特兰提德神岛（出自古代欧洲神话家的传说，据称，此岛原存在于大西洋中，位于现在的直布罗陀之西——译者注）复现于世，也不能使欧洲相信马可·波罗关于亚细亚现代大强国的记述。阿特兰提德神岛，那是欧洲半神圣的过去历史，是萦绕于欧洲人祖先头上的一团神圣的光环；囿于自身那么出类拔萃而凄苦的来历，其心房便跳动得更快了。而在今天的东方某一地点，竟然有一个国势这么强盛、组织这么严密的国家存在，中世纪时代自尊自大的欧罗巴自然是难以置信的，他们原以为自己是宇宙的中心呢！对于马可·波罗的著作，他们认为不应视作事实的记述，而应视为恶意的杜撰，表现了社会革命的一种乌托邦思想，其指向是明显地抨击 16 世纪的统治阶级的！当时的欧洲越来越显得缺乏那些技术的与社会的组织，而它们竟存在于非基督教徒的野蛮国内，这自然令他们不胜愤懑了！马可 · 波罗所描述的各种制度所明显表现的深思熟虑和贤明之处，危害了教会的神权的威望与教廷的势力。那些裂土专制的王侯将欧洲弄得小国林立、杂色错纵，他们一看到马可 · 波罗记述的蒙古建立了统治世界的帝国，便感觉自身受了侮辱，便感觉他是在责备他们的落后状态。马可 · 波罗游记曾使教皇与诸王侯的朝臣个个怒发冲冠。假如古代的宗教裁判所与异端邪说审判所当时还存在的话，作者一定被活活烧死了。

这是因为马可 · 波罗的叙述带有明显的革新性。他的语言与那个柔懦的修士罗伯鲁截然不同。文艺复兴之后，今日欧洲人的感知及理解力都经过了磨练，因而承认马可 · 波罗是现时代的一个先进和前锋人物。这个 13 世纪的伟大商人、旅行家与探险家，已经具有文艺复兴时代人物的明澈而深邃的眼光。他以科学家的责任心和不偏不倚的精神来研究他眼中的外部世界。

此后，由中国文献中所得到的认识与现代各种探讨研究，都完全证实了马可 · 波罗的记述。到今日，我们知道马可 · 波罗的确实实在在地叙述了当时的真相，错误的地方极少，而且他宁可谨慎措辞，也不去浮夸。但是，最先对马可 · 波罗游记的客观性提出了最切实的证据者，正是欧洲。虽然当初西方人认为，马可·波罗所叙述的种种制度是伪撰的和不可能实现的，但现实是，这些制度中的一大部分在最近数世纪中，已被他们的子孙采用了。在观察能力与精确判断方面，马可·波罗超出了同时代的人物，同样的，他所记述的蒙古帝国也大大超过中世纪时代欧洲的那些小国。与那个亚细亚大国的幅员之广大与物质能力之高超相比较后，欧洲那些小国的技术与社会体制便无足称道了。

马可·波罗生于两个时代的转换期，他观察于其间，著述于其间。他的欧洲祖国正跳出中世纪时代的混沌状态，在必需的技术发明后，欧洲的政府与社会组织正走向成熟时期。在这同一时代，东亚细亚在蒙古的统治下，已几乎达到了这个目标。东方各民族摆脱了一种极度的国家组织所横加的羁勒，全神贯注地做精神上的探讨已经为期不远了。西方人则于 14 世纪与 15 世纪间跳出了其幼稚时代浅薄的梦境，他们展开双翅，起身去征服世界，并将其知觉与智慧的光明普照于世界各地；亚细亚则经过一番过度努力的时期后，心血枯竭而一落千丈，因心力尽丧而昏睡于深眠之中了。一群佛门长老手擎香炉，口念咒语，来看守这个沉默的“墓场”。

从沸腾的欧罗巴出来，马可·波罗到了同在沸腾中的亚细亚。他目击了历史的摆动把戏，他将上升的高原与下降的高原进行比较，这不但让他看到了彼此的情状，更让他估量彼此的价值，这便使他着眼于主要的地方了。

马可·波罗曾为忽必烈大汗的心腹，他在北京朝中待了数年，且数度以商人、探险者和官吏的身份周游中国各地。他十分聪慧，并有远大的眼光与无尽的好奇心。

以其商人的身世，他在财政和经济问题上具有非凡的能力。忽必烈井井有条的帝国，在他眼中就像一个天国，尤其是他在欧洲见惯了强征暴敛和对交易的限制，所以，他极力向其欧洲同胞展示蒙古文化与汉文化相结合下的财政和商业制度的种种优点。

他提出了一个周密的经济计划，后来通行于大汗治下的帝国全部版图。即税收一部分用货物缴纳，一部分用钱币缴纳。农业（包括土地与牧畜的生产——原注）与丝绸业以其生产量的 10% 纳于国家，糖、酒、香料须多纳 3.3%，工商业须按 3.3% 的税率。来自对外贸易的税收数目也很可观：国家向一切输入货品征收 10% 的税率，这种关税同时有保护国内经济的功用。贵金属的专利权也使国家获得巨额的收入。皇室庄园与皇家牧畜的生产还能使国库得到其他税源。另外还有几乎涵盖整个亚细亚的藩属各国所纳的贡赋。

马可·波罗曾谈到过“蛮子省”的税收。蛮子省是帝国的 12 行政区之一，其中包括已经覆灭的宋朝中部各地，北及淮河，南达福建省（又称江浙行省——原注）。此为中国最富庶的省份。在蛮子省内，仅盐的专卖一项收入就曾达到 4 亿法郎（按今日币价算——原注）。此外，还有来自农工业生产税和关税的 10 亿法郎的收入。

这些数字曾使马可·波罗得到“满口百万的骗子”的绰号，但在今日看来，这都是完全真实的。而收税官从未使用种种严苛的手段。恰恰相反，蒙古政府以足为榜样的方式，极力支持生产业与商业的发展，并视生产业与商业的自由为经济的主要支撑。接受巨额税收的北京朝廷居于帝国中心地位，其动脉则推进各种货物畅通流动。北京不仅是买卖云集的中央市场，泛滥的贡品和广施的赐物也促进着经济的蓬勃发展。整个亚细亚的财富经水道、运河、商路而拥至都城，应特别指出的是，360 艘满载丝织品的船每年都会从南部各省驶至都城。忽必烈设立的采购委员会专司评定进供货物的价值，同时保障卖者得到适当的盈利。

政府的财政政策以确保政府集中商业与监督商业为目的。纸币的发行主要就是为了这个目的。发行纸币可使黄金为政府所专有，从而使金融不受摇摆无定而无从监督的黄金数量所羁缚，唯一的发行机关则负责调剂货币的流通（元代钞法之中有平准物价的措施，以增进货币的功用——原注）。

发行的钞票是以桑树的内皮制造的，与我们今日的纸币一样，上面有发行机关长官的图章与签字。起初，这种钞票的发行在经济界产生了良好的效果。到后来，直至那些无知的君主无限制地增加钞票的流通以后，蒙古的财政政策才到了通货膨胀的地步，内外经济随之产生了不幸结果（元顺帝时，丞相脱脱改变钞法，滥发纸币，造成了严重的通货膨胀——原注）。但在忽必烈统治时期，钱币始终是稳定的。马可·波罗曾特别指出，无论在帝国内还是在邻国内，钞票作为支付工具，人们必须毫无异议地接受。陈旧的钞票可以到国家钞库换成新票，但须支付3%的手续费。国家钞库同时是有权向私人出售黄金的唯一机关。但是，金银不能再作货币使用，只可用来制造首饰和实用物品。

马可·波罗谈到蒙古钞票时，多少有一点儿讽刺的态度，人们或许以为他不曾看清其中的关系。这种复杂的纸币把戏，在当时算是极其新奇的事情，因而欧洲没有任何人相信马可·波罗的叙述。

马可·波罗书中关于大汗钞票情形的那几页叙述，曾使这个威尼斯人大失信用。欧洲的检查当局没有从他的叙述中探索教训，而是急于利用这些叙述。因为若干个欧洲政府正忙于秘密减少货币的价值并向市场混入伪币，他们便从马可·波罗的叙述里洞察到了狡猾行为的暗示。在19世纪，批评马可·波罗的作家态度都极其谨慎，当谈到这种声誉不太好的纸币时，他们也是闪烁其词。

犹疑不定的西欧在身受其害之下，终于认识到了这种纸币把戏的利弊。它不仅遭遇了相同的通货膨胀的生活，而且如14世纪的亚细亚一样，深信国际货物交易是因价值的不同而陷于萎靡不振之地的。

忽必烈帝国内的各种社会保险措施也引起了马可·波罗的关注，进而也引起了欧洲执掌监察当局的疑惑。蒙古帝国当时的公益金数额已经大到不计其数。凡非因本身的过失而陷于赤贫的人，都能得到国家的扶助。更令人称奇的是，他们所得到的援助乃是按照各相关人平时所惯于的那种生活状态来决定的。国家设有一个管理公益金的官吏总机关，专司公益金的捐募与救济费的分配。国家每日施饭给最穷苦的人们，单在北京一城，每天就得分配两万份的餐食。帝国还实行一种国家管理的强迫服役制度，每个工人每星期中应有一天无偿为国家劳作。这种劳作的所得专门用来施于赤贫及分配全国之用。

蒙元帝国内还有公共医院设备，且有专管护送患者及受伤者去公共医院的救护队。无力偿付医药费的人们则须替国家做几天工作。

天时不好常常会造成农作物歉收。在中国这样一个人口大国里，天灾就会演成惨苦的局面。忽必烈于是在全国各地建立谷仓，以预防这类祸殃。在丰收之年，官方应买收过剩的谷物储存于仓库。遇有饥荒来临时，就可廉价地将粮食分配给人民。除此之外，政府的谷物政策还有了调剂粮价的效用。

忽必烈固然是绝对专制的君主，且为一切臣民生死的主宰，但他的政府并不专断用事。政府有一批衙署来专门筹备各项组织的计划。每个法律草案在送到直接隶属于君主的两个最高议事院之前，须先经过那些衙署。那两个最高议事院其中一个是最高文事机关，另一个则为最高军事会议，后者包括了忽必烈的那些大将。两个最高议事院各有 12 名议事官。有关军事的一切问题，经过专门衙署的研究后，交给最高军事会议决定。文事机关所作的决策，大将们也保留最后裁定的权力。忽必烈的帝国始终是一个军国，耶律楚材及其汉族后继人的一切努力始终丝毫不能改变其军国的性质。

帝国政府的明显倾向是，将军队与官僚机关隔断开来，使军队保持独立地位。严禁军队驻在城里，营帐应在离城五公里的地方。军队有自己的牲畜群以供给养，如牲畜过剩，他们可牵到市场出售或交易他物。兵士必须始终带有游牧特征。为防止军队——其中也有一部分汉人——与人民发生过于密切的关系，每隔两三年，各队便更换防地。最高统帅也不断地更换、调动。军事当局备有一种专门记录每个军官品质与能力的登记册，军官的升黜都按册中的记载来决定。

凡是军事国家都注重道路的建设。忽必烈修筑了许多交通道路，并不断地增加路线，且在拿破仑之先，沿路种了远远可见的密阴树木。遇有岩石与沙漠等不宜种树的地方，则沿军路铺上白石，使之易于辨认。那条联通北京与南方各省的著名皇家运河，虽始凿于数世纪之前，将中国境内各小河流汇成了一条大水道，但现在被忽必烈竟其全功，以盛大的仪式开幕了。

北京皇都处于这种水陆交通的枢纽地，那时它名为“汗八里”，即是说“汗城”。帝国的政治、经济、文化枢纽都集中于大汗的巍峨新宫。前后半世纪中，北京确实成了世界的中心。

蒙古帝都的宫殿呈现了一种奇异的面目。宫殿能使人忆起沙漠里的粗放城市，也像罗马的军营。它的面积约 64 平方公里，呈一个方正的四边形。三重城墙包围着宫殿。外周的方城城墙各纵横 8 公里，每方各开三门，其中一门只有大汗等可以出入。忽必烈的卫兵驻扎于外城与第二方城之间，第二方城城墙各纵横 6 公里。座落于内墙四角的四座彼此相对的建筑物则存储着驻军的军械。

越过第二个城墙，就到了一个大花园。各种走兽布满了草地与小丛林中。园中石子铺路，路面呈穹形，以便雨水即刻流走而不至于污湿了皇室诸人的鞋。忽必烈的更衣室也在这个花园里，城墙四围各有一所。

宫殿本身占地 1 平方公里，处于全城的中央。它包含了两个大体相当的部分，其一是皇帝所居，另一部分则为皇太子及其后人所居。一条人造小河流处于这两座皇宫中间，河上横着一座壮丽的穹形白石桥。在南端，河水流入一方池塘；在北面，因挖掘河池而堆积起来的土被堆成了一座高达 30 米的土山。可汗在山上种了国中最良美的树。这些树都是连根掘出而由大象背着运了几千里的路途。

那个秘密小花园也布置在这里，就是说，忽必烈曾在这里种下了蒙古荒原的“谦逊草”。但在印度棕榈与马来香树的密荫下，“谦逊草”只能枯萎了。

汗八里不是忽必烈唯一的驻跸地。他还在北方比较凉爽的山中建造了一座避暑行宫（位于开平府，即上都——原

注）及几座狩猎行宫。在月份牌中指定的某几天，几万名扈从护送着御驾从此处行宫往另一处行宫，在此处行猎后又在他处行猎，此处散宴后又往他处欢宴。酒后，皇帝乘坐着架在四头大象背上的锦帐周游各地。随从携带着一座漆金竹制的游猎小行宫，这座小行宫可以灵活拆卸和架支。两队猎兵分穿红绿两色服装，由狩猎大臣带领。大群猎狗、万千只猎鹰、无数训练过的猛豹跟在猎兵身后，一经放开，它们便直扑猎物。朝廷行猎之处，该地居民都须躲避开。

忽必烈每年检阅一次他的御厩，那里养着1万匹白马。马在蒙古是神圣的，律例规定唯有可汗才可拥有白马。当忽必烈以白马的乳汁祭天之时，乳沫像白雪似的覆盖了青草。

每年的元旦与可汗万寿之日都会举行盛大的庆典。此时，忽必烈整日与王公贵族在宫中四门洞开的大厅中欢宴。好奇的人、求助的人、外国的使节以及呈献贡品的臣民都争先恐后地挤在御座前。朝拜按中国的古礼进行，但在蒙古军官的严厉指挥之下，此种礼仪有点儿变成了军事体操。朝拜者霹雳般大声地将贺词高呼出来，在司仪的指挥下站起、高喊、饮酒、跪拜。当典礼达到最高潮的一刹那，一头没受羁缚的老虎进入礼堂，面对寿星三叩首。门口的侍卫手执短杖在门口监视，不许任何人触到宫殿的门限。犯禁的人则在大庭广众之中接受杖责。不过，据马可·波罗说，到后来，宾客沉醉了，卫士就不那么注意此细节了。

蒙古的粗放与汉地的文雅彼此混合，有时呈现了奇异的形式。比如，忽必烈满足其色欲的方法就很“别致”。政府每年一次派人往满洲各地选取新的宫女。在蒙古人眼中，满洲的妇女是世间最美丽的。一旦使臣来到，满洲人便争先恐后地献出 14 岁至 17 岁的女子，大声夸赞她们的美貌。负责选美的人详细检查每名少女的体态、眼睛的形状、牙齿的结构以及其他特点。根据观察测评，预估出每名少女的价值，待选的少女便按容貌的等级分为 1~21 “克拉”。如果有 100 多名少女，那么 17~21 克拉者将在众人的羡慕和亲人的狂喜之中被送到北京。21 克拉的少女为忽必烈所专享，其余的则在宫中服役，或由皇帝赐妆奁嫁给贵族。

但是，在献给可汗前，这些少女的私生活要经过一个考验期。选出来的这些少女先被交给可靠的年长命妇看管，并同这些命妇同寝，日夕不离她们。这是为了在种种方面训练这些少女，为她们履行好未来职分做准备。直到中选者不发鼾声、不大声呼吸、没有任何使忽必烈的耳目嗅觉感觉不快的其他毛病后，那些入选的少女才能进入皇帝的宫寝。

尽管这种全国的少女供君主随意享受的方法离奇而没有道理，但基督徒、西欧人马可·波罗却承认它也有好处。他想，一个人如果遇到一个不孕的妻子，那他死后就无后了，而在忽必烈的帝国内，有能力者可以有 50 个甚至更多的儿子。马可·波罗认为，正是多妻制使得东亚细亚人口繁衍惊人，当时的人口稠密的程度比今日还惊人。鉴于那种情形，马可·波罗睿智地在人口政策方面下了一个正确的结论：在蒙古帝国内，无贵贱阶级之分，最有力、最有才者更能迅速地占有快乐荣华的位置，因而得到最多的女人，因此，种族中最优秀的人便繁衍为最多数了。此外，我们也看到了一种风尚，即他们挑选妻子不是以她们的社会地位为标准，而是单纯地根据她们的容貌和体力。

除此之外，马可·波罗对许多事物都有其独到的见解，他并不囿于基督教徒的成见。正因如此，虽然他个人感到很惋惜，但仍非常清楚为何大汗不皈依基督教。忽必烈曾对这个威尼斯人说，假如他可以做到，他愿意成为基督徒。或许对于邀其入伊斯兰教的教徒，他也说了同样的话。

在马可·波罗的追问之下，忽必烈回答道：“为什么我必须成为基督徒？你自己也看到了，此地的基督徒毫不知、毫不能做灵异的事。我坐在桌边，你们能使盛满酒的酒杯自己飞到我面前，不需要动手而让我任意喝吗？偶像教（即指佛教——原注）的术士有呼风唤雨的能量。你自己也亲眼看到，偶像教的神仙有着说话的特长，他们能掐会算。假使我成了基督徒，我皇族的王公将会问我接受洗礼的理由。他们将问道：‘基督教教士能拥有什么灵异之处呢？’我将无法回答。你以我的名义请你的教皇派百名精通你们教义的人来这里，让他们向偶像教徒展示他们的法力，证明他们也具有显灵的力量，而他们之所以不使用这种力量，是因为这属于魔物的力量。假使我亲眼看到这种情形，我就取缔偶像教徒，我自己也自愿接受洗礼，那时，所有我的臣民都将接受洗礼，那么，我国内的基督徒人数将远在你国内的之上了。”

假如教皇果然派遣百人来——据马可·波罗说，忽必烈确实曾屡次请求——忽必烈必定成了基督徒。然而，教皇很明白他无法派遣（不幸得很，罗马缺乏术士——原注）。蒙古人需要的是一种可从中得到政治好处的宗教。他们不了解为什么基督徒不做灵异的事，虽然据人们说，基督教群圣与使徒是能显灵的。忽必烈似乎以为基督教是一种已死的宗教。除马可·波罗之外，其他史学家也叙述过佛教徒能做各种令人不可思议的奇事。他们还证实了佛教徒能从天空将盛满酒的酒杯送到忽必烈嘴边。那是否就是现代幻术家玩的催眠术呢？我们无从得知。比飞杯更震动大汗的是，佛教“神仙”“能掐会算”这一个事实。同时，也因为佛教在国家问题方面所表现的保守性，使得忽必烈终于放弃了成吉思汗的宗教放任原则，皈依于佛教，至少他个人成为教徒了。对此心中怀恨者不止西方各教的信徒，汉地的儒教徒也愤愤不平。可是，忽必烈不是不假思索而行动的，他似乎认为，与其永远夹在各宗教中间，不如彻底决定信奉某一宗教。基督教因为上述原因是不足为论了，伊斯兰教则因过于严肃的教义而不得东方人的爱护。

有一天，有人告诉大汗说，《古兰经》里有这么一句话：“杀死一切崇拜多神的人！”大汗恼怒万分，马上召来几名伊斯兰教断事官。他们不得不承认的确有这么一段。忽必烈便问：“那你们为什么不执行你们真主的命令？”他们诚实而不机智地回答说："因为我们还没有权力。""可是，我，却有随意杀人的权力。"忽必烈反驳说。这一句话同时也就成了判决令。

伊斯兰教徒于是一度受到了残酷的虐待。幸亏伊斯兰教徒以不来帝国通商、交往相威胁，才使政府终止了宗教斗争（当时道教也大受摧残——原注）。

不仅是宗教问题使大汗大费周章，汉人方面也大作变乱的酝酿。他们目睹蒙古人恣意放纵，敢怒而不敢言。正如在一人专制的政府下所惯有的状况，在蒙古帝国内，往往也有不良之人居于显要的高位（元朝把治内民族划为四等——原注）。

那是一个名叫马合木的畏吾儿人。他以忽必烈代理人和心腹的身份当权数十年之久，他的各种措施先是引起汉人对其个人的愤恨，后来终于引发了汉人对外族统治权的愤恨。有一名重要的官吏的妻女都被这个好色之徒所奸占，这名官吏于是掀起了一番谋反行动。杀死马合木成为全国各地一起举事的口号："凡有长须的人——即是说非汉人——都应杀掉。"当皇室远离北京之时，谋反行动开始了。马合木接到一个假消息说皇太子忽然返都，想当夜同他谈话，因此被人引至宫中。御林军司令官不太相信皇太子不经事先通知而返驾，不禁心中怀疑，便做了一番警备布置。在这期间，毫无疑心的马合木上殿了。殿上灯火通明。正当他要拜见冒称的皇太子之时，叛党用利剑砍掉了他的头颅。

可是，驻军已经武装了，骑马报信的官差已经奔驰各路了。司令官当晚便诛戮了主要的罪人，并禁止汉人出门，否则处以死刑。他的严厉处置使预谋的叛变没能成行。

受了这种变故的警告之后，为预防未来的叛变起见，忽必烈下令迁徙北京全城的民众——那时城里的百姓已达百万之数。北京这个老都会小街窄巷错综复杂，难以稽查，仅这一个理由就足以让北京成为弃城。迁徙完毕后，他们便在河的对岸建了一座新城，如宫苑一样，也是四方形。这座新城十分像现代的美洲都市，笔直的道路直角相叉，房屋均匀有序。这个新城占地约 50 平方公里，可从这一端监视到另一端，十二座城门各有千人把守。黄昏时分，市场上会敲钟作响，意味着从这一刻起，除紧急情况外，居民都不得走出他们的家门了。

不久以后，每个城门旁边各建起了一镇。商队旅舍、异客行馆、妓院都设立在那里。2.5 万名妓女像军队的组织一样，以每百名、每千名为单位，在带领人的组织下在北京周围生活着。她们不纳租税但须无偿地供人享受。好客的蒙古人保证着远来的旅客每夜都能找到女人伴宿。

同样是为了防止叛变，大汗在整个帝国内最大限度地发展驿路网。蒙古人创立的驿站制以当时的技术能力来说，确实能算是尽美尽善的交通方式了。从帝国最遥远的地方起，一切驿路都集向北京。驿站每隔三四十公里设立一个，驿卒住在那里，驿马也都配好鞍镫做好准备。政府的驿点设备共计有 1 万所建筑物和 20 万匹马。遇有紧要事情，驿卒可在 24

小时内跑 250 公里，急传的驿卒则可更快一倍。为提高速度，驿卒的头部与腹部都用东西包扎起来，以尽量减少空气的阻力，驿卒还在帽上系一小铃，以便下一站远远就能听到，从而立即准备好替换的人马。即使在夜中，驿卒仍携灯骑马奔驰。在主要的驿路旁，还为外客准备有精致的卧房。驿站平常养 400 匹良马，半数供役，半数休息在站中，有一所专门的停马场供使用。另有许多步行的驿卒，他们则传递不紧急的文书。在驿站附近会产生许多村落，这里的居民免纳租税，但要尽看管马匹和供养夫役的义务。

这样，一旦有叛变，消息于数天之内就会遍传各地。新鲜水果送到大汗桌上，也是经这些驿道而来的。官吏、使臣以及大汗的宾客则可以免费往来其间，享受路上的一切安乐，且能以最快的速度与最大的安全性走过最远的距离。

蒙古称这种快驿为 iamb。这个名词因而为亚细亚多种语言所引用，甚至也存在于俄文里（俄文作 iam）。

蒙古人完成国家任务的效率是足为人效法的。我们可以说，在他们统治之下，一种亚细亚式的普鲁士主义已经诞生于东方了。靠着一种运用极佳的警察制，帝国的犯罪比例大大降低。虽然此时的人们已经不能像在忽必烈时代那样，携一袋黄金而不担心任何危险地旅行于元辖区内或印度支那；但法庭还是很严厉而且公道的。札撒克比较温和地通行于帝国全境，而且每三年会举行一次大赦。

帝国以最现代化的方式掌管着大都市的人口动态。每户的门上都贴有家中各人的名单，过客来往的日期都应向警察局报告。旅馆须登记旅客的名字、籍贯及旅行目的。刑事案件或政府官吏签署的重要文件，都已经使用按指印的方法，因为他们早就知道留了指印后便无法伪造文件了。

军役的年限以及文武官吏的薪饷由法律来精确规定。军役年限定为 6 年。官吏到 70 岁后就开始支领养老恩饷，并将位置让给年纪较轻者。蒙古帝国实施这一切制度之时，欧罗巴还完全没有军役期限和服务年限的概念呢。

在蒙古的统治之下，科学与技术发展到了很高的水平。忽必烈创建了多所学院，免除学者的奴隶地位，并从印度、波斯、欧罗巴各处邀请专家帮助发展教育。

上述种种努力的成效是卓著的。帝国的军用火器达到了最有效、最准确的地步，还发明了地震测计器和显微镜，甚至制造出了雏形的潜水艇，试验了原始的飞机！

汉人知识分子历来只关注伦理问题和艺术陶冶等社会科学方面，现在却转而在自然科学方面上用了功夫，且开始成就惊人的发明。在许多地方，演变的过程类似于现代日本在欧洲文化的影响下所经历的过程。凡此种种，可以说蒙古人始终不是创造者，但他们能够激励人们去创造，并且大规模地实际采用各种创造。例如，他们致力于煤炭的开采——马可·波罗在中国第一次知道了此物的用处，他将其形容为“比柴燃烧更佳的黑色石头”。帝国对燃料的需要极大，因为据对此惊异不已的马可·波罗说，每个人，甚至于穷人，每天都洗热水澡。在巴比伦学者的指导下，中国人学到了炼糖的技术。瓷器制造业也高度地繁荣。在运河岸边，还建有许多结构复杂的起货机。1280 年，元政府还派遣了一个科学考察团以探究黄河的水源。蒙古人本身的教育和文化也大见进步，特别是忽必烈下令制定了蒙古文字母（新修订的字母与成吉思汗时代自畏兀儿文演化而来的文字有别——原注），并以此种文字翻译了许多汉文书籍。此后，中国的戏剧发展到了最昌盛的时代。

国内的社会福利建设也迅速推进。忽必烈恢复了从前被军队蹂躏的田园，不再主张废农业田园为牧地，这如同札撒克主张污浊，现在则一变而为沐浴的习惯。以欧洲的标准做依据，在马可·波罗眼里，元帝国各地的人烟是极其稠密的。每块土地都被辟为耕地，在帝国南部的几个省份，耕地这一城连接那一城，连走几天都不会间断。民众的生活水准也有了极大的提高，没有一个地方发生缺少生活用品的现象。如果出现缺少生活用品的威胁时，政府的预防机关便会想法救济，当时极为昌盛的商业便能很快恢复供求的均衡。在这个国家里，每个人远行一般都会携带五六匹马同行，而这些马匹都是他们自有的，可见国之富裕到了何种程度！忽必烈时期有一次调查户口，发现在北京一城中竟有 2300 名 90 岁老翁，这充分说明人民良好的健康状态。

然而，恰是蒙古人亲手促成的元朝的这种繁荣状态，对蒙古人来说却比谋反叛乱更要危险。征服者以数十年的太平、秩序与经济发展造福着被征服的地方，随之而来的是，元朝产生了数量惊人的人口与财富。全国变成了一个蜂窝，但此蜂不酿蜜而产黄金。北方的野蛮人在堆积如山的财宝之中逐渐丧失了其本性和斗志。他们身穿最华贵的丝帛，口吃印度与马来的香料调制的美味食品，喝着南方的浓香佳酿，身边围绕着窈窕的美女，波涛似的黄金从商人的腰包流入蒙古官吏的手中。当初即使成吉思汗殄灭所有中国人的不良预感，现在竟成了事实。中国尽力养肥它的主宰者，直至后者老到了笨拙而懒惰之地而后已。

尤其是经过长久斗争才从宋朝皇帝手中抢来的富裕的南方各省，以其丰富的财富和精致的生活毒害了战胜者的血液。马可·波罗很熟悉这个南方区域，他描写过位于今日南京东南面而当时为宋朝皇都的杭州，曾将当时这个宏伟壮观的城市的堂皇富丽的情状活现于我们眼前。

杭州借运河而通北京与中国北部，借钱塘江而通海洋。杭州城本身也贯穿着许多条运河，载货的船只可直驶至货仓和市场。穹形的桥可容船只升桅自下通过，而在桥上，不断地有行人往来行走，这是个有三四百万人口的城市。所有人家的后门几乎都临于河边，河中穿行着许多民船。据马可·波罗统计，杭州大小桥梁的数目有12000座之多。这里简直堪称规模宏大的威尼斯。

杭州城最主要的街道宽达40步，呈直线切断整个城市。房屋高筑好几层，底层作商店，一家比一家华丽。在这条大道上，每隔两里路就有一座供作市集的广场。令人吃惊的是，马可·波罗看到的这种广场就不下十处。广场上还设立了行政与公安机关。运河也流经其处，因而货物得以从舟车两路运至市场。

杭州人吃得很讲究。鱼肉自然是每餐必备，还有香甜的米酒。中国人的“坏了”的味觉神经需要绝好的香料，马可·波罗从帝国税关方面打听到，城中单独胡椒一项消费量每天竟达120担之多！

淫欲的生活跟随刺激的食品而来。在杭州，社会风气是很放荡的，冶游者的娱乐方式多样而精雅别致。轻浮的妇女老早已使她们的丈夫失去了嫉妒的情绪，她们整天盛装驾车招摇过市。据马可·波罗记述，她们身上喷得奇香无比。

在杭州附近有一个湖泊，湖边满布杭州高等社会的别院。无数五色缤纷的游船张挂着许多小旗在那里供人游览。稍有家资的人们在工作完毕后，都在悦目的晚景中到水上遨游。灯火照耀着湖边花园的树间，情侣们双双并坐于隐蔽的水边，千百只五色灯火的游船荡于水上，管弦歌唱之声清澈地在空中飘荡。湖的中央浮着两个小岛，杭州的富室在那里面建造了许多处花园与宏大的礼堂。这些礼堂出租作婚嫁及其他喜庆之用。那里能够容纳一百多个社团同时聚会而不会彼此相混。

马可·波罗也叙述不清楚生存于这个快乐和罪恶之城的妓女到底有多少。但是，他含笑着说，杭州的神女乘坐着由许多名奴婢所抬的小轿招摇过市，她们精于各种送迎手段，且善于按照客人的社会地位而使用不同的应付手段。这些妇女名闻整个东亚细亚，凡一亲她们的芳泽者，都如中了魔法，终身梦想着她们，犹如巴黎娇娃之于现代的欧洲人一样。

宋朝皇帝的旧宫也位于杭州湖边。马可·波罗认为，宋朝皇帝的亡国是基于他们过于柔弱而穷奢极欲的生活。君王往往拥有数千名美丽妃嫔，她们与皇帝一起度过最明媚的光阴。下面就是马可·波罗为我们描写的人间最富有的皇帝的生活画面：

“有时是皇后随驾，有时是妃嫔随驾，皇帝乘坐遍铺锦绣的船到湖上恣意作乐，并驾临建于湖滨的寺庙。行宫里布置得非常华丽：草地，流泉，种满果树的精美花园，鹿兔等各种走兽遍布其中。皇帝偕同他的妃嫔，有的乘车，有的骑马，在那里玩赏。没有一个别的男人能参加这种娱乐，那些女人都会携犬打猎。当她们感到疲乏之时，便在岸边一块草地上脱去衣服，跳到水里游泳嬉戏。皇帝则在旁观赏。有时，在密荫下及诸妃嫔的围绕之中，他就在草地上进餐。他就是这样度他的光阴，失去了他的一切勇气，而完全不知如何带兵打仗。结果，他的柔弱和他的怯懦断送了他灿烂的江山，并使之羞耻万分地离开宝座。”

事实上，宋朝皇帝并不像马可·波罗叙述的那么怯懦，那么不知战事。忽必烈时期经过了数十年的斗争后，才得以攫取宋朝的最后根据地。醉心于繁华杭州的皇帝死后，一个年仅四岁的小王子被人拥上黄龙宝座，但被蒙古人赶出了各省，他最后只剩下一支舰队。当这仅有的一支舰队在一次水战中被毁灭时，忠于宋朝的元帅载着皇族的帅船驶向暴风之中，他抱着最后的小皇帝跳入了波涛之中，皇太后及一切随从也都随皇帝葬身大海了。

据中国历史记载，宋朝皇族与金朝一样，都是以身殉国，免留投降于蒙古之耻。

为统治住人口繁盛的南方各省，蒙古曾大费气力。在马可·波罗时代，杭州有160万户百姓，元朝在这里驻了一支强大的守军。桥梁与街道经常有士兵监视，巡逻兵巡游全城，同北京一样，到夜间，如无紧急状况，任何人不得走出家门，一切灯火都须熄灭。所有各处驻防地都设有大锣，一旦敲起锣来，军队便可立刻得到警报。这种监视组织名义上叫消防队，但这个名目也有它存在的理由。因为在中国的城市里，建筑物主要是木材结构，重大火灾的危险常常发生。但事实上，蒙古人采用这种非常的监督办法乃是出于政治上的需要。

忽必烈并不满足于统治其固有的帝国，他继续了其祖父成吉思汗所吩咐的征服世界的政策。

他的士兵与他的忠实将帅成就了几非人力所可成就的功绩。大汗的军队曾在克什米尔与孟加拉作战，曾在爪哇与苏门腊答登陆，曾在印度支那灭亡了安南、东京与交趾；他们曾在赤道的烈日之下用身体抵挡马来人的毒箭，曾抵御了以驱战象出战的印度人的袭击；他们曾深入终年是夜的北极，在那里突击了西伯利亚的游猎部落，靠牝马的嗅觉，他们才找回了脱离黑暗地狱的归途。当原居高加索的信奉基督教的阿兰人（古代阿兰人建立的阿兰国又叫阿兰聊或阿兰那，在中国的古书中称为奄蔡。其大体位置在今天的俄罗斯顿河流域，大高加索山以北，黑海、亚速海以东一带——译者注）在中国海打仗之时，由蒙古人、汉人、高丽人构成的忽必烈后备队及金帐汗与波斯汗的军队则战斗于欧洲和非洲的边境。无厌的大汗还派遣10万人的水师出征日本，因为日本人不曾向蒙古称蕃纳贡，这样，他们便违犯了世上只有唯一主宰者的定律。但是，一阵飓风将蒙古舰队毁灭于日本的海岸边，而救了日本国。忽必烈的水师元帅率领了一部分舰队向大海驶去，却永远没有归来。由此，一个传说便在这些被大风吹散的兵士身上形成了。亚细亚各民族向来以为蒙古人是不可制伏的，人们相信蒙古人能在水面上奔驰，甚至在死后还能征服外国，因而便认为忽必烈的元帅带领着他的水师战士，成了秘鲁印加帝国的创始者。

为征服世界，忽必烈的无数兵士牺牲了他们的生命。蒙古人总是奋勇作战，从不踌躇就死。他们有的溺死于大洋中，有的冻死于北极荒原的冰雪中，有的渴死于中央亚细亚的沙漠里，还有的在赤道的森林里，死于毒虫的叮咬与凶恶的疫病之下。当世界帝国的基业开始动摇，钦察与波斯的藩王自相阋墙，腐化行为与叛乱事情在元帝国频增，佛教的精神时刻在消减蒙古的军事精神之时，大汗的威力也在表面上达到了登峰造极的地步。他不须再费大气力，世界将成为他的所有物。绝望的伊斯兰信徒仅能挣扎于埃及境内，幸运使欧洲与日本不至于做了蒙古的藩属。不服从成吉思汗法令者，不过已知世界上的 1/5 的土地而已。但这些地方还能支持多少时间？从波罗的海岸边与波兰边界以至高丽，从西伯利亚以至爪哇，从菲律宾以至南非洲海岸，个个王国都向蒙古人纳贡。商船队携来了桑给巴尔（位于东非坦桑尼亚共和国东部地区，它包括印度洋上的桑给巴尔群岛，距离大陆 25~50 公里——原注）、马达加斯加及亚比西尼亚（即今埃塞俄比亚）的珍宝后，扬帆向锡兰（即斯里兰卡——原注）与太平洋驶去。

人类生存的空间几乎全部合并了起来，而归于一人的统治之下。再有几年，忽必烈将扑灭最后的抵抗力量，从而使世界享受太平与福祉。当唯一的贤明君主统治天下后，世界不就成为一个乐园了吗？蒙古的理想，经成吉思汗以流血的手段开始于先，其诸子忠实地追随于次，其孙忽必烈则加以提炼，其胜利之期就在眼前，功行圆满之日不远了。

然而，深受君王恩赏的马可 · 波罗心中却总怀着忧虑。虽然在北京御座的上空犹未浮上阴云，但他总感觉到一种重力已经压在了亚细亚。他以蒙古一个船队队长的身份护送一位公主远嫁波斯汗，然后自己回欧洲去了。忽必烈不胜惆怅地任其远归，曾强令他答应不久就再回来。

但马可 · 波罗在意大利登陆之时，接到了大汗晏驾的消息。他虽然在故国内不大受人欢迎，却也不愿再回到北京。

他感到那边的政治形势太靠不住了。他比忽必烈的后人们看得清楚，预感到一种祸变即将降临，在这种祸变的袭击之下，那个灿烂一时的强国，与那个产生此强国的奇绝而无可复加的理想，都将冰消雪融了。

第十二章 帝国的崩溃

世间出现了一头野兽，在它身上的蛮力大发作之时，它奔腾于平原，四蹄蹂躏地面，肆意破坏。它尽量吃，却从来不感觉饱，无数的刍秣被它吞咽了，草地越来越贫瘠，而它却越来越胖。千百万的生物都绝迹了，为的是使其中的这一个生存下去。然而，有一天，这头野兽病了，力量衰减了，它再也不能吃了，而是躺在地上等死。现在便开始循环大道的另一个阶段了。这头野兽须将它从前所吞噬的一切悉数归还。现在轮到其他生物来吞噬它了，而靠了这些营养，其他生物都成了健者。这头野兽的尸首腐烂了，也就将它所负于大地的还之于地了。循环的任务然后便完成了。成吉思汗的帝国从一开始就是置自身于生死规律的那些生物中的一个……

世间出现了一头野兽，在它身上的蛮力大发作之时，它奔腾于平原，四蹄蹂躏地面，肆意破坏。它尽量吃，却从来不感觉饱，无数的刍秣被它吞咽了，草地越来越贫瘠，而它却越来越胖。千百万的生物都绝迹了，为的是使其中的这一个生存下去。

然而，有一天，这头野兽病了，力量衰减了，它再也不能吃了，而是躺在地上等死。现在便开始循环大道的另一个阶段了。这头野兽须将它从前所吞噬的一切悉数归还。现在轮到其他生物来吞噬它了，而靠了这些营养，其他生物都成了健者。这头野兽的尸首腐烂了，也就将它所负于大地的还之于地了。循环的任务然后便完成了。

成吉思汗的帝国从一开始就是置自身于生死规律的那些生物中的一个。没有一个人能说出末日于何时开始及如何开始，也没有任何一个恰好的步骤足以成为灾祸的原因，更没有任何一个有姓有名的敌人能覆灭这个帝国。那无非是各种各样的病态分子，直至这时依旧也是很容易被那个健全的机构所淘汰的，这个健全的机构没有足以能抵抗它的真正对手。是内部的逐渐瓦解发生了作用，这乃是一切力量陷于颓废和寂然无声中的崩溃的根本原因。

为什么我们要追究此中的罪人呢？生与死之间的变迁本产生于自由意志之外。特殊的生命轨迹又是怎样的呢？完全靠对外界呈现为一体的那些机构的联合而已。产生于神秘之中的某种意志在中心主导着，而以“自我”的面目表现于外。然而，终于有一天，因为与生俱来的那些秘密的原因，这个意志松懈了，失去其张力了，当其要素向外发展的力量强大于向内的凝聚力之时，瓦解、灭亡必然将出现了。灭亡的结果无非表现了宇宙生命战胜个人生命而已。

国家同样处于此生物定理的支配之下。在当初为征服国的蒙古帝国内，高贵民族的民族果断精神渐渐地灭绝了。成吉思汗所力求的、由札撒克所确立的本种族独立并高于其他一切种族的原则被摒弃了。被征服的各民族臣民进入帝国机构里，并越来越深入核心，在行政机关中外族所占的部分越来越广，而蒙古人则处在消极的地位。征服者现在再也不能像当初那样形成一个全权政府。政府不久就变成了服从某些个人意志的机构，个人的希望与欲望就取集体的情绪而代之了。

意志的中心就这样受到了麻痹。而一个专制国家的统治能力，恰是由几个领导人物所决定的。成吉思汗的血，到其后人的血管中，变得淡薄了，仿佛是困乏了。到了第三代，过度的情欲、好大喜功的狂热、性格的松懈、文明有礼习俗的建立，都成了堕落的危险征兆。

在看似强大的表象下，几乎于寂然无声中产生了瓦解的结果。如被白蚁完全蚀坏的巨厦，虽然还能站立数十年，那完全是因为无力的亚细亚起初毫无足以代替它的力量。最终，在几乎没有明显的外在缘由的情况下，大厦崩坍了。它的消灭甚至没有英勇壮烈的动人表现，唯有一堆灰尘飞腾于腐烂的蒙古强国残迹上。

蒙古帝国在鼎盛时期分为三个几乎各自独立的国家。北京的大汗在实质上只是行使着名义上的宗主权。然而，当帝国开始倾颓之日，它们的关系就几乎完全断绝了。三个朝廷各自为自己的国家事务奔忙，不再参与其兄弟政权的命运。它们彼此已经不再休戚相关，而波斯与钦察甚至是互相对敌。

它们瓦解的各种征兆，是每个国家各按其特殊过程表现出来的，因为它们的根基是完全不相同的。而在每个国家中，分裂局面都是从最弱之点开始的。

钦察帝国是第一个走向独立道路的汗国。术赤的后人对于皇朝其他各系从来没怀有过很深的情感，另外，“金帐汗”国的情形也的确很特殊。它所继承于成吉思汗的，不过四万纯粹的蒙古人及术赤的子孙而已。这一小群人统治了东起贝加尔湖，西迄东欧低地的广大领土。在广求嗣续方面，蒙古人的确表现出了惊人的能力。但是，钦察的主宰者不愿以传统办法占领并管理其广大领土。他们只愿从俄罗斯南部的荒原起，行使一种恐怖的政体，迫使俄罗斯各藩国纳贡，假如他们拒绝，则钦察国就会施以流血的讨伐。

钦察汗建都于伏尔加河下游的萨莱。这是一个方圆极广的城市，位于绚烂的草原之中，遍布着帐幕与木屋，实际上，与其说它是一个城市，不如说是一个田园。俄罗斯与西伯利亚的珍宝都聚集于此。钦察人的马群与牧群都放牧于附近的草地上。他们联合俄罗斯南部有亲属关系的游牧各部落组成了强大的军队，以其劫掠的征伐将恐怖的名声遍传于巴尔干、波兰，直至波罗的海与芬兰的边界。

钦察诸汗的活动几乎向来以攫取金银珠宝与其他战利品为目的。拔都从西勒西与德兰斯发尼带回了大量俘虏，他们被分配到矿中，用来开采阿尔泰山下的金矿。蒙古人在探索新的富源方面的发明天分堪称是无尽的。可汗以武力胁迫邻国各君主娶蒙古皇族的公主，而在蒙古，公主向来不会缺乏。同时，他们往往还向这些可怜的求婚者索取高达百万之数的聘金。这样，不久后，拜占庭的皇帝和埃及的苏丹就被列入了蒙古人“亲爱的”亲戚中。

俄罗斯诸大公恐惧于宝座不保，因而竞相表现其服顺之心。他们不断地满载礼物前往可汗的萨莱廷中。如若他们不主动来到，至高无上的可汗就会强召其入觐。他们也会为请求承认他们的权力及乞取少许好处而来到可汗朝中。有时他们诬陷他们的亲属，请求援助其攻击邻国，为此他们就会不断地纳贡。这些人里面，有许多就永远没有从汗廷回来。他们被暗杀了，被处死了，或被幽禁了。而他们的后嗣则继续这种前往受辱的行程。奉可汗之召而不来觐见的，就会身受不测之祸。一度迟于入觐，便足以成为蒙古人兴兵讨伐的借口。俄罗斯人因而有了谈论可怕的“塔塔儿的束缚”的权利，这或许是屈服于蒙古的各民族中唯一有此权利的民族。无疑，钦察的蒙古人虽凶狠无度地统治汗国（不同于其在波斯与中国的同胞——原注），但俄罗斯各王室的态度也是极其卑劣的。

蒙古人与其俄罗斯臣民之间并没有发生密切的关系。钦察的征服者保持着其游牧民族的生活状态，比他们在波斯与中国的同胞更显纯粹。他们并没有变成城市人，更没有变成柔弱者，柔和的气候并没有削减这些蒙古人的力气。但是，“金帐汗廷”还是不断地走向熔化之路了。

拔都的继承人别里哥皈依伊斯兰教，并命令蒙古人以他为榜样，否则将处以死刑。札撒克的主要一诫就这样被违反了。我们姑且不论别里哥皈依伊斯兰教到底是确属真心信仰，还是被人拖引，因为他所倚重的俄罗斯南部荒原的各民族皈依伊斯兰教已久了。不争的事实是，他的此番举动产生了不幸的结果。由此，钦察汗不仅加重了与俄罗斯人的不和，同时也拆断了他与其侄波斯汗旭烈兀互相结合的桥梁。因为自扑灭巴格达哈里发之后，旭烈兀就视伊斯兰教为天敌。别里哥与伊斯兰教新中心埃及所建立的关系，成了以反对旭烈兀为目标的一种政治同盟。在 1261 年，波斯与钦察的敌对行动已经开始了。从此时起，这两个蒙古帝国之间的冲突不断地耗损着它们的精力，无疑，这种形势客观上是有利于欧洲的。

金帐汗廷伊斯兰化还产生了意想不到的隐患。已经被摒弃的札撒克，不仅是一部律例，而且是一部高深的道德规范。札撒克是从游牧民族的群居情绪以及游牧生活方式中产生出来的，自它产生便以家族为国家的基础。成吉思汗当初曾制订律例，以严厉惩罚残害亲属与违犯游牧部落道德规范的行为。遗产的处理——法律是随处发生效力的——由各继承人以和平方法来解决，如果有一个王子违背此道，他便失去了军队的支持，因为蒙古人是深信札撒克的。

但是，因为金帐汗廷皈依了伊斯兰教，札撒克便失去其至尊法典的效力，无法强制人们遵守了。人们变得无所适从了，整个国家的政治生活开始紊乱了：亲属间彼此仇视，无羁的野心、阴险的计谋贯穿于国家政治生活之中。举个最显著的例子，阴宫便是这个国家的潜生地，贪权的宦官躲在幕后编织了许多爱与妒的黑暗惨剧。在这个与世界分离的国家的栅门后面，毒物从千百条暗沟中泛滥全国。

这种种不幸变化，严重影响了金帐帝国的国运。在别里哥的继承人那一朝，钦察已经分裂成了三国。兄弟之间掀起了剧烈的斗争。堕落者还不仅仅是汗室本身而已，人民也变得游移不定，不知其应遵守何种法律。皇族整支地被害了。有一个可汗曾踏着他的12个兄弟的尸首登上宝座。另有一次，在一年之中，要求继承皇位的王子竟不下30个。瞬息之间，钦察的情况便仿佛奥斯曼朝的土耳其。事实上，奥斯曼朝的土耳其后来出台了一个精明的算端，借颁布一道很切实际的法律，而将皇位继承的纠纷永远消灭了。他命令其后人预先将能觊觎皇冠的兄弟及亲属悉数杀掉。这个办法施行了几个世纪，曾表现出精妙的效果。

然而，在钦察国，这一类的法律所能发生的功用是极其微小的，因为每个敌视的家族（这样的家族很多——译者注）各自拥有独立的军队并拥有属于自己的地盘，汗国已经分崩离析了。在这种情形之下，蒙古人的统治权就渐渐削弱了。但是，俄罗斯人还是不敢轻举妄动。

有一个时期，一个强毅有为的可汗暂时再树了帝国的一统局面。他就是于 14 世纪上半叶御宇的大可汗月即伯。教皇及欧洲各君主的使臣都奔走于这个年仅 15 岁的君主朝中，等候他的赐见，并向他谢恩。“恩典”就在于月即伯从未扰害他们。

金帐汗朝靠其先人的武力征服，还是维持了许多年代。其在中国与波斯的同胞帝国消灭很久之后，萨莱的历代可汗仍为东欧各国所忌惮。他们遭遇的第一次大失败是在 1383 年。波斯汗国的篡位者帖木儿此时攻入了钦察。帖木儿在波斯汗国的废墟上建立了突厥军事国家，并沿用蒙古的法律与习俗。游牧民族之间的这一次内部斗争上演得十分可怕。整支整支的军队肉搏决战。最后，蒙古兵被打败了，萨莱被攻破了。帖木儿收获的战利品不可胜数。450 万头羊、50 万头牛与骆驼以及同样数目的奴隶，被驱赶在军队前面，经锡尔河来到波斯。

但蒙古人是很强韧的。他们只是退到广袤无垠的荒原里，等候时机再度降临。15 世纪时，当帖木儿帝国因其后人的流血斗争久已沉沦之后，金帐帝国仍继续统治着俄罗斯。当奥斯曼人于 1453 年占领君士坦丁堡之时，蒙古军队还进入了波兰。7 年后，即东欧罗巴经受两世纪的塔塔儿压迫后，俄罗斯人才起来反抗。基辅大公拒绝向蒙古可汗纳贡，并杀掉了蒙古的使者。于是，俄罗斯人与蒙古人立刻在荒原中决战开来。但是，双方军队都反身逃遁，因而外部战争的结局还没有最后决定。最终促使金帐朝崩坍的，乃是由于内部的解体与背叛行为。当可汗尚在军中作战之时，另一支部落袭取了萨莱，此外，克里米亚汗向俄罗斯人投降了。叛变事件随处发生，皇族被人杀害，金帐帝国最后一位可汗则死于国戚之手。

钦察汗国的余部尚留存于俄罗斯各地，并历时很久，但此后他们处于俄罗斯诸大公的宗主权之下。但在克里米亚，蒙古人的独立地位一直维持至 18 世纪末年。他们周而复始地侵扰俄罗斯的南部。这个中古时代的亚细亚幽灵，像一个死者纪念物似的沉浸于现代的欧罗巴，直到叶卡特琳娜二世才把它完全解决了。只需授予适当的退位年金，成吉思汗的后人就离开克里米亚，而退居土耳其。成吉思汗系子孙中的一个，约在 19 世纪末年前后，曾有幸登上君士坦丁堡的宝座，这足以证明蒙古人并非如大家想象的那样消耗殆尽了，亚细亚还没有忘掉它的伟大朝代。

旭烈兀朝在波斯有过较昌盛而短促的命运。拖雷系曾将其帝国的疆界扩展至小亚细亚的腹地及地中海沿岸。然而，向非洲作染指尝试之时，他们遭受了第一次的惨败：埃及的玛麦里克部人在伊斯兰的复仇者忽秃思的领导下，扑灭了蒙古军队。旭烈兀的大将怯的不花便在那里丢了性命。

怯的不花在将死之时对人说："告诉旭烈兀，我拒绝蒙耻脱逃，宁愿尽职而死。可汗勿为丧失军队而悲痛，这算什么！只须士卒之妻与厩中母马再生育一年，便可补偿这次损失。请君王自己保重。只要君王保重，就可恢复一切。至于我们臣仆，死也好，活也好，有什么关系！"

事实并不像勇敢的怯的不花所说的那么毫无关系。发生于波斯与埃及之间历经数十年的战争，不仅歼灭了一批军队，双方召集于战场的人数也越来越少。在50年前，成吉思汗与花剌子模的摩诃末各调动数十万人来作战，而现在，这两个国家仅仅以万余人来对阵。在蒙古第一次侵入叙利亚、美索不达米亚以及小亚细亚时，这些地区还十分繁荣，现在经过战争的洗礼，人口锐减。埃及兵退出叙利亚时，将人畜驱逐在前面走，破坏田园村镇，焚毁每一根草木，使蒙古军队完全失去了就地给养的可能。新的荒原与旧的叠叠相增了。

亚细亚这片纷扰不宁的土地既然不能再给人们提供给养，魑魅魍魉便横行其间了。种族与宗教的宿命主义纷纷抬头，失望的情绪支配了剩余的人民，他们振奋起来与武力对抗，来势之剧烈、凶猛空前无比。

冷酷无情且以漠然的态度对待宗教的蒙古人在这块情绪

格外热烈的土地上，陷入困难的境遇中。他们一向持中立的立场，反到处结仇。假使他们保护基督教徒，则会招致伊斯兰教徒的不满。假使可汗让一个犹太人担任宰臣，以表明不偏爱双方敌人中的任何一个，则情形将更见恶劣。加之，自从开罗的玛麦里克朝算端忽秃思揭竿而起，并使其与波斯邻国的一切斗争都表现了一种宗教战争的趋势后，蒙古人再也不能与构成人口大多数的伊斯兰教徒和衷共济了。蒙古人在违反其原本心志与原本所秉承的原则下，竟走到了组织一个反伊斯兰教战线的路上。每个政治措施都被人看作是仇视宗教的置措，政府的每个举动都有掀起宗教斗争的危险。皈依伊斯兰教的尝试，主观上为了使敌人失去宗教宣传的口实，这种心绪有时在可汗心中影响很大。但另一方面，可汗也不愿与札撒克发生抵触。

旭烈兀之子阿八哈继续遵守了传统的宗教中立政策。然而，他的后继可汗则成了伊斯兰教徒，且希望在共同信仰的基础上与埃及的算端言归于好。但当他为表示皈依伊斯兰教的诚意而要削减宗教自由时，遭到了蒙古保守派的极力反对。北京的忽必烈大汗也拒绝对他予以承认。因此，他于即位两年后被人赶走，阿八哈之子阿鲁浑继登宝座。情形立刻便完全改变。于是，伊斯兰教徒大批出逃，竟导致骆驼稀少从而价值昂贵起来。阿鲁浑夹在基督教徒与伊斯兰教徒中间，便企图结纳他此前从未求助过的友人：他任命一个犹太人为宰相和替代人。这个犹太人是一个桀骜不驯而又好动的官吏。

他仿效元朝的做法而采用纸币制，并禁止使用任何其他支付工具，否则处以死刑。结果造成了意想不到的纷乱。波斯人原不及中国人了解交易的方式，因此对纸币极不信任，并视纸币为妖孽。只几星期，他们便放弃了市场买卖，没有人再肯拿东西出售，于是导致了饥荒发生，经济陷入全部停顿。虽然朝中诗人对纸币最大限度地歌功颂德，但纸币的命运已然注定了。

这位犹太宰相又突发奇想，提出阿鲁浑汗应成为先知的教主，并创立一种新宗教！但这个宗教的创设并未实现，因为此举只会加重宗教政治的纠纷。人民极力反对这个犹太人，因为在他的庇护之下，他的同教中人越来越让人不可忍受。西亚细亚的以色列人自以为他们的时代到来了，他们甚至把阿鲁浑的这个宠臣看作他们的救世主。

正当这个犹太人的显耀地位登峰造极之时，他被蒙古军官惨杀了。人们不胜惊异地发现，他住宅的高墙里贮满了黄金，竟高及屋顶。这次事件后，波斯汗帝国内的骚动事件此起彼伏，帝国大厦动摇了。

阿鲁浑的后嗣合赞汗决定皈依伊斯兰教，希望以此来停止为害国家经济与朝廷威望的历久不辍的纷乱，这一决定得到了多数人的支持。作为最有力的政治派别，一大部分的蒙古人已经暗中同情伊斯兰教了。合赞汗此番举动——经久之后是无可避免的——首先可能产生一种政治的因果，但可汗在与外国各君主的信札中经常谈到自身的使命。以后的变化就证明了他这个决定的正确性。

的确，在取得了大多数人的支持后，政权内部的斗争停止了。合赞汗便可以全副精力地复兴经济与行政大业了。

这最后一任波斯汗、这个伟大的蒙古人，是那一批有才能的君主中最光耀的面孔。旭烈兀、阿八哈、阿鲁浑，都只是中等才能以上的君主，但合赞汗身上兼有铁的意志、治国的天分和高超绝伦的智慧。他不仅专心料理一切事与一切人，而且他确实具备万般才干。他是一个多才多艺的人，能与诸学者反复讨论哲学与自然科学；他曾按照自己的设想命人建造了若干天文台；他还是一名良医和植物学家，曾发现了许多新的草药；他不仅能说本国的语言，而且能说一点儿汉语、印度语及法语。

虽然皈依于伊斯兰教，但他仍做了保留蒙古风俗习惯及混合札撒克与伊斯兰教规条的有益尝试。无疑，他的试验失败了，因为蒙古人与他们的原始习惯已经相离太远了。东方荒原视为善的，在西方都市却毫无价值。蒙古人不再有征服广大宇宙的想法了，他们反而成了战争的疲倦者与懒惰者。在合赞汗的领导下，他们尽一切力量复兴着从前被其父祖所破坏的地方。新的道路与新的村镇逐渐创建了起来，从前被成吉思汗的军队所蹂躏的波斯田地，80年过去了仍为荒凉之地，合赞汗免除此地的租税，并且用种种方法从人口稠密的地方招引农民，将这里的田地分配给他们。合赞努力地敷治人民的创伤，并尽量使政府——被当地视为外族政府的——

为政轻简。他甚至关注到娼妓的生活，下令绝不许在违反其本身意愿的情况下将少女卖给妓院，即便是主人要抛弃奴婢，也不得将她卖与妓院。国家还出资赎回那些愿意赎身的妓女，给她们少许妆奁，设法替她们找到丈夫。

交通问题曾使合赞大费精力。沿驿使所通行的四面八方贯通全国的道路，交通是极其发达的。但是，第一位使用这个国立交通工具的，并不是商人，而是官吏。但那些大小官吏过度滥用其免费征用马匹的权力。一个运输机关须运载那么多执有“自由乘车证”的人，便不可能留下位置供私人乘坐，因此它从来都是赔本的。每个驿站蓄有近千匹的马，还不敷驿使的需要，因为当各省行政官进献一种贡品或一道味道特佳的食品之时，他们不是仅仅派遣一名使者，而是派了一大队人马。他们不认为这是一种豪侈的行为，而认为是必需的。的确，滥征的结果导致车马缺乏，遂使历来争占先风的驿使们彼此竞争交通工具。国营运输业原本是蒙古国家组织中最光耀的产物之一，若非全副武装且后面跟随了大批扈从的人，便不得使用此运输工具；若无全副武装做准备，还将有被摔落马下或受人刍掠的危险。

位于交通路线附近的各城镇也备尝这种状态的苦痛。按照习惯，国家驿使抵站可住宿于私人家中，于是，富有人家的宅第便住满了执有“住宿证”的傲慢无礼的骑士。有一家主人在愤懑之下求见合赞汗。他悲愤地说：“可汗！我们家里有妇女，我们不能整天守护在那里。如果这种状态继续下去，那么，不久，在你的帝国内，就只有私生子了！”

合赞于是立刻设法补救。为了让人民能尽快脱离那些讨厌的客人，国家建造了专供旅客的邸舍。从此，在驿道上施行严厉的监督。只有非常重要的使命，才可以有免费征用权，其他任何旅客都应纳费，并须依次轮流乘坐。

以上是当时波斯较为重要而为可汗所留意的方面。合赞汗同时也分心于一般的经济问题。无论是公用还是私用，借债政策都已成了当时的风气且滥行非常。每个人都对邻人负债，利息累积不已，货物在制成之前已经出售，毫无保证的汇票泛滥市场，投机的行为盛极一时。

合赞汗经再三斟酌后，以雷厉风行的手段打击借款制度。“有钱的人应将钱用于购买土地，建造房屋，或从事商业活动。从今天起，我禁止为收取利钱而出借金钱。”他威胁说，如果这种情形不根本改变，他将一笔勾销债务而解放一切负债者。

合赞汗的反资本主义的斗争经历了很长一段时间，却没有收到良好的效果，正如他和解的尝试及其他许多举措一样。他的胜利仅是表面上而已。他得到的数年太平，乃是以放弃蒙古人无上权力的地位为代价的。既然宗教已取代种族的地位，天选的民族为什么应该包享一切而与臣民分离呢？然而，伊斯兰教进入政府后，仅在精神层面发挥作用的局面逐渐发生改变了。一到那些宗教领袖重新揽权之后，他们所要求的就远超出祈祷与统治人民精神之外了。于是，伊斯兰教的官吏大玩政治手腕，参与皇室及蒙古人最核心的问题。合赞汗尚有保持独立的力量，将属于教会的归于教会，而自己保留其余，但他的后人则成了过度的信徒。

有一位历史学家讲述过不花剌的一个清真寺——成吉思汗当初选取出以打断伊斯兰教的权力的所在地——所发生的一件事。

由于可汗在祈祷仪式开始之后才来到清真寺，所以他不敢走到他的座位上。他不胜忏悔，像一个犯罪者似的屈膝跪在门口的石头上。教长则以严厉的言辞告诫他以后要善尽职守。

宗教压倒了国家。不久以后，只有宗教势力喜欢的人物，才能在亚细亚安于其位。

在合赞汗死（1306 年）后不久，波斯汗室在内部斗争中陷于瓦解，同时，各省大小民族纷纷叛变，意图争取独立，伊斯兰教则在中央亚细亚的另一角，即察合台的一个后人统治下的一个小汗国，找到了一个新宠。此人便是帖木儿。他以阴谋、诱惑、叛逆等各种行为，以及与宗教阶级成立攻守同盟，开始了他的伟大征途。约在 14 世纪末年，帖木儿轻易地扫荡了亚细亚地区蒙古统治的残余力量，并在那些汗国的废墟上建立一个新的大强国。他的统治是残忍而又强大的，但历时不久，因为他只凭借刀锋，而不动用头脑，靠其数千精兵，是不难将枯竭的亚细亚摔倒在他的脚下的！

帖木儿，一个篡位者与发掘尸骸的人物，自造了一个真实性无从可考的谱系。他自称是窝阔台之一子的直系子孙。昔日王朝的荣光始终照耀霄汉，因而新人物总是不得不借助于旧朝的名义。然而，他只是借蒙古为外壳，而绝不会充实其内容，更不会使之活泼有生机。当他的军队以“蒙古人”的名义开入印度时，当他的后人以“大蒙古人”的尊号在18世纪让英国人疲于奔命之时，那无非是名义上的蒙古人而已：帖木儿的历史已不再属于蒙古历史的范畴了。

帖木儿出现之时，波斯汗国的成吉思汗系子孙没能得到元朝方面的任何援助。20多年以来，即自14世纪中叶以来，北京的大汗早已不参与西亚细亚的事情了。

1296年，马可·波罗离开北京之后不久，忽必烈驾崩了。他没有以蒙古大汗的身份葬于其先人的故土，而是按照汉人的礼仪，葬于本朝的太庙里。在他生前，他曾将其蒙古国加上了汉名的国号，并按照汉人的习惯以尊号追谥所有各祖先。成吉思汗后代便建立了元朝。

然而，忽必烈后人同化于汉人却是毫无所得。从出征日本失败之后，他们所向无敌的光芒就消散了。蒙古的国家机构日趋散漫，国内骚乱越发频增，两者同时并进。政府所采取的一切措施都显得笨拙不堪。一种漫不经意的货币政策引起了经济的破产，因而使得对外贸易也陷于萎靡不振之地。经过几番维持现行币制的尝试后，政府不得不回到了金本位的路上。

在忽必烈皈依佛教后，蒙古人与喇嘛紧密结合起来。一名佛教禅师被册封为西藏的摄政官。甚至在汉地，喇嘛们也受到诸多特殊恩典。汉族知识分子都是孔教的儒者，他们目睹他们的庙宇，甚至前朝的神圣寝庙宫阙，都被改作了喇嘛宫，心中实在不胜愤恨。喇嘛们竟然还盛气凌人地亵辱皇帝与王公的陵墓。他们的宗教庆典竟成了黑暗的荒淫盛会。

某年的元旦之日发生了一次日食，这是天象告警的表现。不久后，一次地震将新朝的太庙崩坍了。长期的旱灾间以水灾与飓风，演变成了社会的饥荒状态。300 万株桑树死于一次严重的霜冻，而新发生的地震撼动全国，将许多都市毁为瓦砾之场。

这些都是不祥的征兆。反元势力就利用了人民的迷信心理，以天文学家的结论为工具，在这个国家里每年印发 300 万册的黄历。这样，星象术士的所谓按天象传达的复兴宋室的话，便不可能不发生影响了。

在忽必烈死后的第 40 个年头，当政府征收过多的租税以供治河费用之时，第一次叛变突发了。

在皇族内部，约束也变得松弛了。有一个王子曾企图在其奉命管理的南方各省建立一个独立的国家。忽必烈的第二代嗣君虽曾命国家拨款广印孔子的孝经，并将它赐给每个蒙古人，但仍然无从改善当时的状况。解除民众武装，禁止汉人使用蒙古语言，这种种措施都无实效可言。那些暗中指使汉人起义的人们已在数年前，设法通过了一条法令，使得蒙古贵族失去了制造军械的专利权。

当皇室内部发生储位争夺及蒙古诸将领自相阋墙的时候，汉人的起义队伍则正集结于帝国的南部、西部与东部。宋朝的一个后裔自立为皇帝，其他心存非分者也纷纷起事。有一段时间，蒙古人似乎可以压制住起义风潮。但汉族的民族运动出现了一个卓越的领导者，他就是朱元璋。此人原是一个不知名的僧人，后来脱去袈裟，以普通兵卒的身份加入了起义军。

凭借正直无私的品质和雄辩的天才，朱元璋迅速地得到了汉人的同情：大家应达成创立一个太平帝国的共识。野蛮人不得统治文明人，应该是文明人统治野蛮人。“蒙古夷狄不足抚御中国，其得国也非人力，实乃天授。今乃为天所厌，天将降伐其身，而眷佑吾人。”这正是朱元璋发布的讨元檄文的大意。

蒙古人的微弱抵抗迅速被打倒了。唯有数处重镇的驻军曾英勇作战，直至守城者食尽了城中百姓，在半馁的状态中投降了起义军。窝阔台的一个不知名的后裔，竟带了一支小部队，从蒙古最辽远的一角赶来救援，据他宣布说，他欲借恢复旧典章以挽救其祖先的帝国。但此时已无济于事。

朱元璋的军队迅速逼近北京。元朝最后一个大汗是一个古怪而充满奇想的人物，终日玩弄他亲手发明的一个滴漏。在最后一刹那，他决定放弃北京，下令退回蒙古高原。犹存性命的蒙古人都集中于长城外，取道戈壁沙漠回归其祖先的故土。

虽言不求为私而只为国奋斗的朱元璋，却依然于1368年称帝，是为明太祖。

蒙古人又回到他们的故乡了。先后五代，他们占据着历史的高座。世界的命运操纵于他们手中历时150年之久。一番探险的长征，他们走过了半个地球，到最后，他们仅满载着荣光仍回到了当初的出发点。他们重新住在毡帐里，或许四壁多了些简陋的功绩纪念品。他们的王公，个个都是那位伟大英雄的后裔，现在却需要重新搜寻够用的牧地，以供部属放牧。今天，他们自相争哄，明天，他们又联辔前往明朝边省去偷窃掠夺；某一天，他们向明朝皇帝纳贡，另一天，则明朝必须费几包丝绸的代价，才能与他们相安无事。有时，遍身流血、倦于长征的波斯与俄罗斯的各部残余也回故乡来了。他们受人款待，彼此纵谈他们所失掉的世界是如何的美丽。伟大的过去忽忽之间竟成了梦幻般的泡影。蒙古人又变成了穷苦的游牧人，一如千百年前他们的祖先一样。

仅有一次，在他们的生涯中发生了一次大变化。有一批佛教徒从西藏来到他们这里。蒙古人便改变了信仰，不久后，他们就成为虔诚的佛教徒，忍受着种种磨难以求精神的幸福，并且完全放弃了求取世界荣光的虚荣心。他们在蒙古的中心库伦附近安置了喇嘛教的一个支派，呼图克图喇嘛，以报答他们的盛意。喇嘛庙便如雨后春笋般遍布于蒙古高原了。随着时间的推移，60% 的蒙古人都穿上了僧人的黄衣仰人布施，而靠其余 40% 的人民养活他们。他们不再想戎马事业了。过了两世纪后，当满族的明星闪耀于东方之时，蒙古人就拥戴了这个邻族为宗主。其中有几个人参加了满洲入主中原的战争，因此又回到了他们的祖先曾经统治过的地方。

在 16 世纪，蒸蒸日上的俄罗斯沙皇的势力向东方推进，携有精良火枪的哥萨克骑兵便开入蒙古了。但他们遇到了一件奇怪的事：蒙古人在阵地上安放了一门极旧的火炮。这门火炮或许是当初蒙古大军制胜敌人的法宝，它或许曾向汉地和波斯的庞大城墙大吐火焰。这是那伟大过去仅存的陈迹，数世纪以来，环绕着那许许多多辉煌的往事，它安静地待在那里。现在，它被用来抵抗哥萨克骑兵了。

蒙古人将炮口对着敌人，然后在旁边袖手等候。他们等候神灵降临。他们并没有炮弹，也没有火药——即使有的话，他们也不知如何使用。他们只相信，在这门火炮里有着一种神奇的力量，到了危急的时刻，这种力量就会出来护佑他们。

然而，神奇的力量消失无踪了。如今，那门火炮不过是一块旧铁，它无从显灵，充其量不过引人狂笑而已。而曾经有过伟大过去的蒙古人，现在行动迟缓而健忘，仅是一个赤贫的牧羊民族了。它步步落后，精神堕落，只能被孔武有力的邻人置于死地了。有时，他们在贫瘠荒原的孤独环境中完全为世界所遗忘；有时，他们做了那些大强国的政治阴谋的玩物。他们就这样过着穷苦的生涯，人口逐年递减，且寿命缩短。烧酒与梅毒，即文明献给他们的礼物，更是将这个民族陷于覆灭之地了，尽管这个民族曾一度几乎实现其以骑士民族的帝国囊括全球的梦想。

附录

成吉思汗黄金家族谱系图

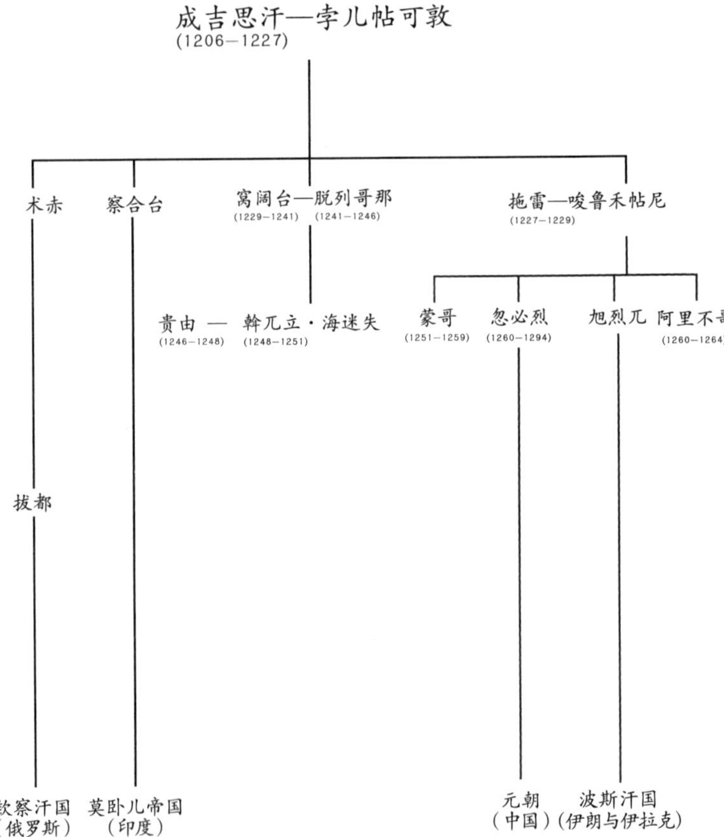

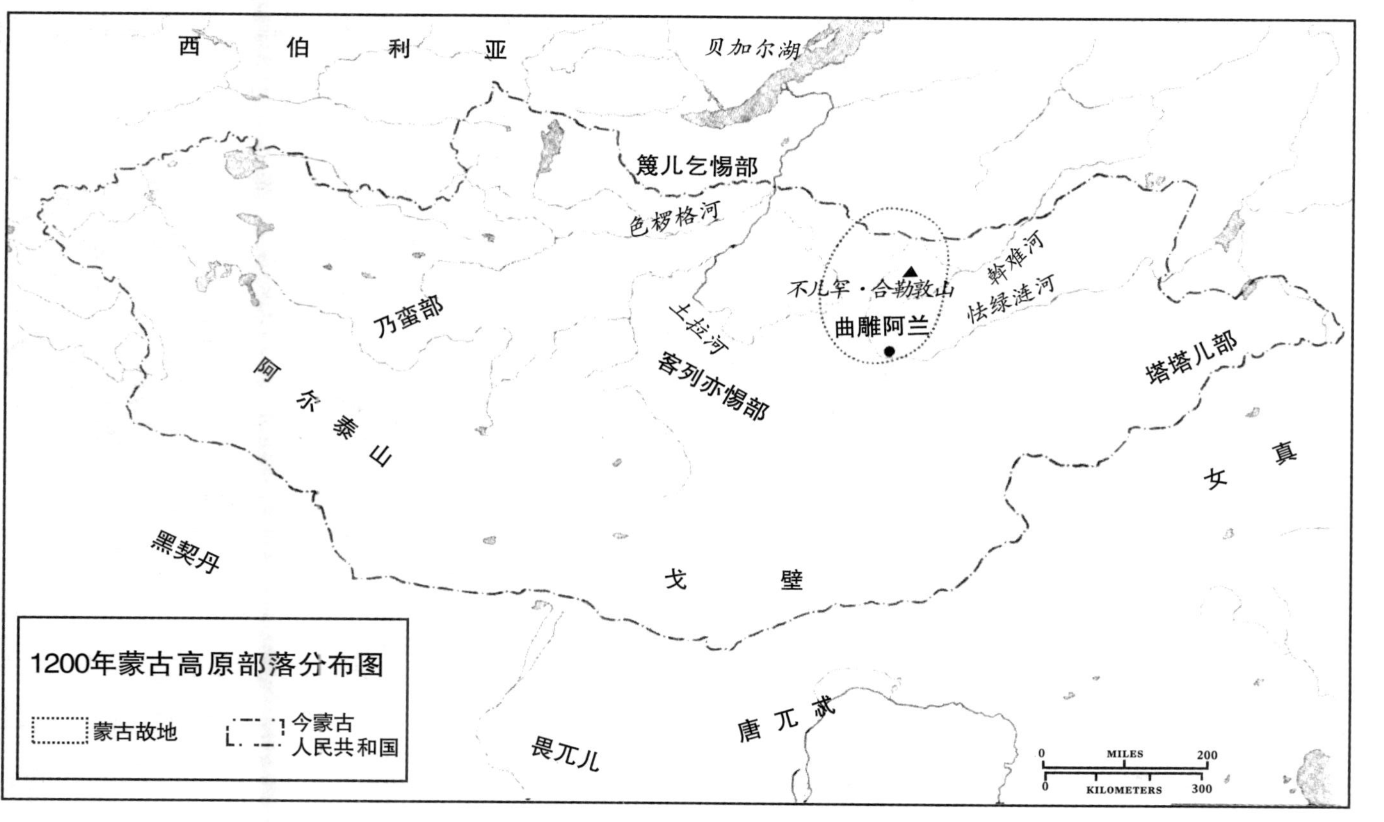

1200年蒙古高原部落分布图

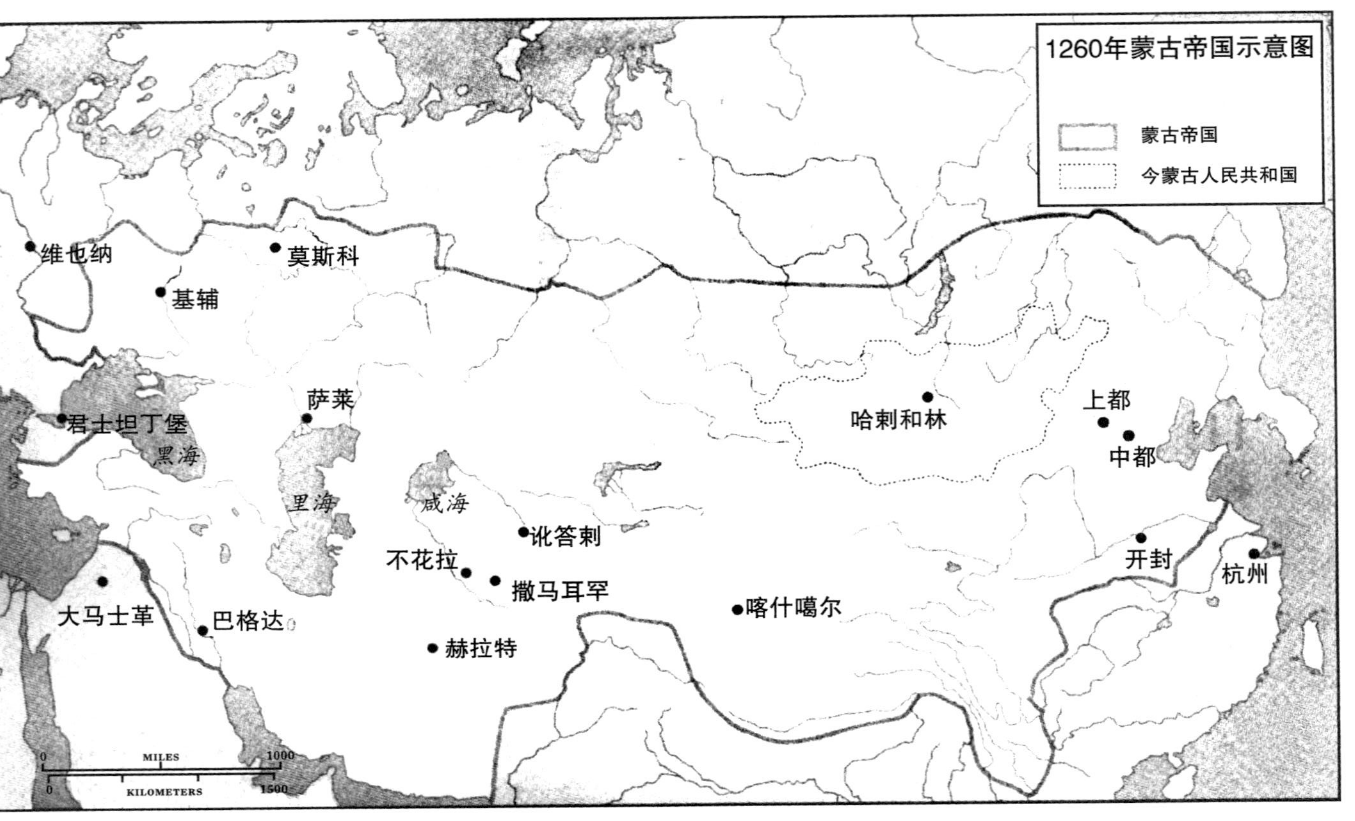
1260年蒙古帝国示意图
蒙古帝国
今蒙古人民共和国
维也纳
莫斯科
基辅
萨莱
君士坦丁堡
黑海
里海
咸海
哈剌和林
上都
中都
讹答剌
不花拉
撒马耳罕
开封
杭州
喀什噶尔
大马士革
巴格达
赫拉特
MILES
0
1000
KILOMETERS
0
1500

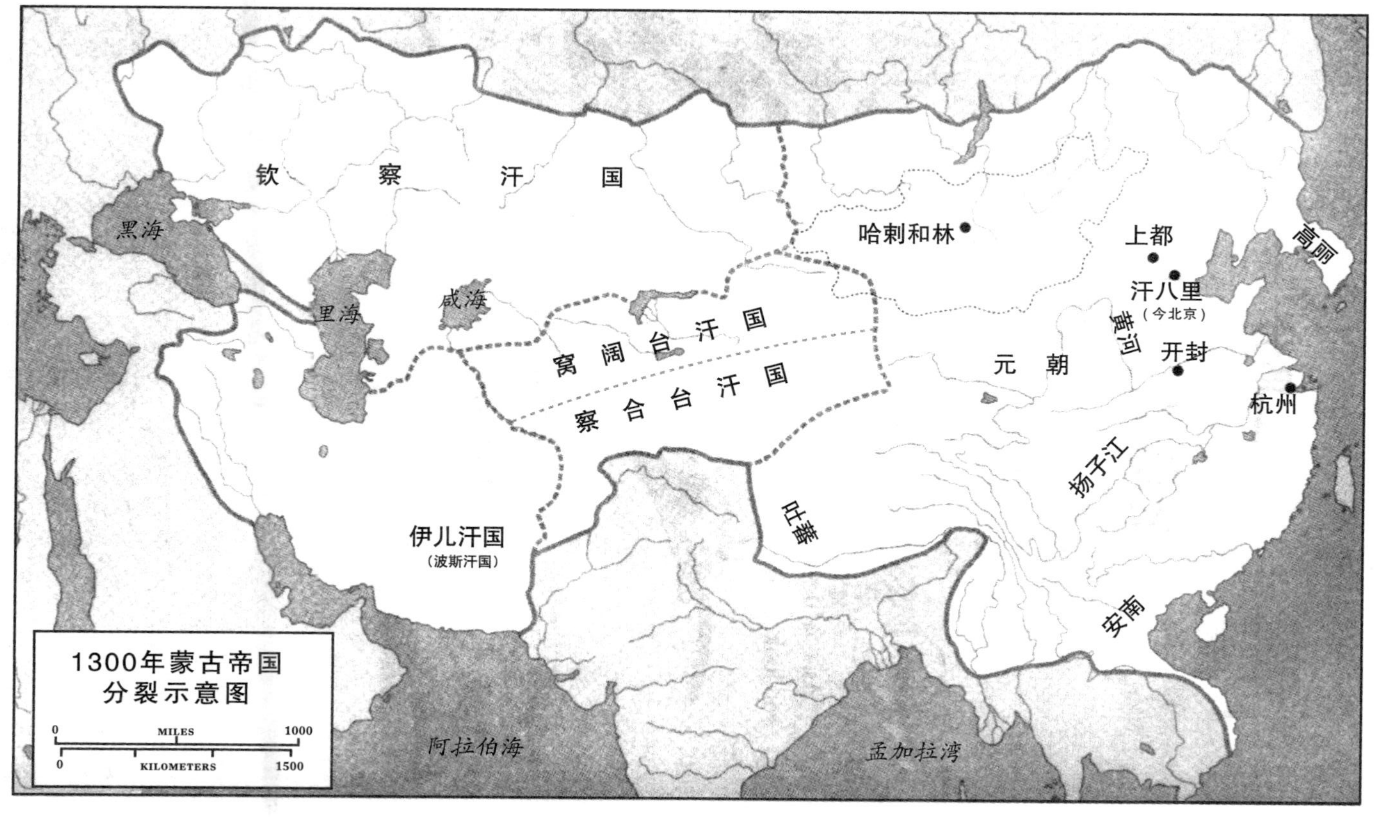

钦察汗国
黑海
里海
咸海
哈剌和林
上都
高丽
汗八里
（今北京）
黄河
开封
元朝
杭州
窝阔台汗国
察合台汗国
扬子江
吐蕃
伊儿汗国
（波斯汗国）
安南
1300年蒙古帝国
分裂示意图
0
MILES
1000
0
KILOMETERS
1500
阿拉伯海
孟加拉湾